女人受益一生的口才课

〔美〕卡耐基 著

雅楠 编译

古吴轩出版社
中国 苏州

图书在版编目（CIP）数据

女人受益一生的口才课／（美）卡耐基（Carnegie, D.）著；雅楠编译. —苏州：古吴轩出版社，2014.2（2017.12重印）
 ISBN 978-7-5546-0187-7

Ⅰ.①女… Ⅱ.①卡… ②雅… Ⅲ.①女性—口才学—通俗读物 Ⅳ.①H019-49

中国版本图书馆CIP数据核字（2013）第318779号

责任编辑：王　琦
见习编辑：陆九渊
策　　划：张春霞
装帧设计：沈加坤

书　　名：	女人受益一生的口才课
著　　者：	〔美〕卡耐基
编　　译：	雅　楠
出版发行：	古吴轩出版社
	地址：苏州市十梓街458号　　邮编：215006
	Http://www.guwuxuancbs.com　E-mail: gwxcbs@126.com
	电话：0512-65233679　　传真：0512-65220750
出 版 人：	钱经纬
经　　销：	新华书店
印　　刷：	三河市兴达印务有限公司
开　　本：	690×980　1/16
印　　张：	18
版　　次：	2014年2月第1版
印　　次：	2017年12月第4次印刷
书　　号：	ISBN 978-7-5546-0187-7
定　　价：	29.90元

如发现印装质量问题，影响阅读，请与印刷厂联系调换。0316-3515999

前 言

英国前首相丘吉尔曾说:"一个人可以面对多少人,就代表他的人生成就有多大。"

一个女人可以不漂亮,可以不聪明,但一定要会说话。因为说话是人获得幸福的秘密武器,也是一项投入最少、回报最大的投资。那些口吐莲花的女人,身上总有一股令人难以抗拒的吸引力。对女人而言,好口才是增加自身魅力的砝码,是人际交往中披荆斩棘的利剑,是生活上维护幸福家庭的资本。

只是,很多女性一想到当众讲话,就会心生恐惧;还有些女性从未留意过口才之事,更不懂得人际沟通的技巧。卡耐基说:"世界上没有谁是天生的演说家。"外表是天生的,无法改变,但语言却是可以通过学习来改进的。

戴尔·卡耐基从上个世纪初就开始讲授他的成人口才训练课,引领了美国的成人教育运动。他的口才艺术与处世技巧对当代人来说,是一个永恒受益的课题。曾有人这样评价他:"近一百年来的每一天,在地球的某一处,总会有一个人的生活因为卡耐基的影响而被改变。"

这本书萃取卡耐基口才培训课程的精华，详细解答了女性读者所关注的一系列口才问题：

如何克服内心的恐惧，做到从容自如地与人交谈？

如何通过语言表达突显个人魅力，做一个受欢迎的女人？

如何在人际交往中，利用有效的沟通拉近与他人之间的关系？

如何在工作与生活中，轻松而巧妙地说服他人？

如何在出现分歧时，赢得他人的赞同？

如何在遭遇尴尬时，帮自己解围？

如何利用一张巧嘴，在职场上平步青云？

如何在众人面前做一场精彩的演讲，给人留下深刻的印象？

如何与家人沟通交流，营造幸福的生活？

本书语言简练活泼，将理论与实践紧密结合，让女性朋友从中体会到语言的魅力，并有效地学习和借鉴精妙事例中的口才技巧，提高自身的语言表达能力。

编者相信，女性朋友在读过本书之后，定会留下深刻的印象，并从此转变许多有关说话与演讲方面的观念。这种看似微小的转变将足以使你受益一生。

目录
Contents

Chapter1
学会打造魅力口才的6项秘诀

要相信没什么东西是学不会的 / 002

别怯场,说话其实一点也不难 / 004

别人能做到的,你也可以 / 007

心中牢牢记住你想达到的目标 / 011

不放过任何一个锻炼的机会 / 015

发自内心地相信,你一定会成功 / 018

Chapter2
提高好感度的说话方式,轻松收获好人缘

简短的寒暄,让交谈更愉快 / 022

记住对方的名字,给你的社交形象加分 / 025

注意语调,成就说话动听的魅力 / 029

有修养的女人从不夸夸其谈 / 032

幽默是一种高雅的风度 / 034

多谈谈别人感兴趣的事 / 037

赢得人心,就要让对方多说话 / 041

要学会尊重别人的意见 / 046

在恰当的时候与人告别 / 049

Chapter3
快速拉近距离的沟通法则

想结交朋友，就要付出热诚 / 054
称赞别人那些微小的进步 / 058
由衷地说出你对他人的欣赏 / 061
会倾听的女人最善解人意 / 064
站在对方的位置思考问题 / 068
多谈谈别人，少说你自己 / 073
让对方表现得比你更出色 / 076
一定要顾全他人的面子 / 079
让对方感觉到他很重要 / 082
让别人对你产生信任感 / 086

Chapter4
你赢不了争论

先给个甜枣，然后再挥巴掌 / 092
用对激将法，让别人听你指挥 / 098
多顺着别人，别人最终也会顺着你 / 102
天花乱坠几百句，一点事实就搞定 / 107
多让别人提意见才能保留自己的意见 / 110
不想被拒绝，就不要令对方摇头 / 115
多一点儿竞争，有对比才有干劲 / 119
主动认错，往往有意外之喜 / 122
脸红脖子粗，办事难到哭 / 126

Chapter5
意见不同时,教你轻轻松松说服他人

伤什么不能伤自尊,错误再多也要间接提 / 132

给别人一个台阶下,做真正的淑女 / 136

既然非得找个理由,你为什么不找个漂亮的 / 140

批评之前先自批,对方才会没敌意 / 143

将心比心,才能让人侧耳倾听 / 147

多用善语宽心,别用讥讽添堵 / 150

万事开头"易",进步是鼓励出来的 / 153

多给别人戴帽子,办事才能少碰刺 / 156

Chapter6
遇到尴尬时,随机应变的口才艺术

有人揭你的短怎么办 / 160

笑笑更健康,用自嘲的方式化解尴尬 / 163

悄无声息地转换一下话题 / 166

善意的谎言,不伤人不害己 / 169

社交场合,学会模棱两可的说话智慧 / 172

换种说法,拒绝没必要把人伤 / 175

善打圆场,巧言为他人解围 / 178

以讽刺对讽刺,辛辣一点也无妨 / 181

Chapter7
修炼好当众演讲这项才能，令掌声如影随形

演讲之前做好充分的准备 / 184

运用一切意志让自己勇敢 / 189

充满激情的演讲，才能打动听众 / 192

一场演讲的精彩往往在于开始 / 196

牢记你为谁演讲，目的何在 / 200

演讲的内容要投听众所好 / 202

善讲故事，让故事阐述事实 / 206

摆脱枯燥，多用一些生动的比喻 / 210

让肢体语言帮你完善形象 / 215

Chapter8
懂得说话潜规则，你就能游刃职场

职场好命女，都有好口才 / 220

面试时的实用交谈法则 / 224

与上司说话是一门学问 / 229

有效地与下属进行沟通 / 234

人际关系要用心，小心思解决大问题 / 238

多赞美少挑错，问题永远笑着说 / 241

办公室有规则，大嘴巴要不得 / 245

Chapter 9
家和万事兴，有话好好说

婚姻里也需要以礼相待 / 250
丈夫顾及不到的，你要帮他想到 / 253
多多宣扬丈夫的优点 / 257
给丈夫一个梦想，多赞美和激励他 / 261
温言软语，责备只会有害无益 / 265
女人一唠叨，男人就逃跑 / 269
不要随意批评你的家人 / 273

Chapter1
学会打造魅力口才的6项秘诀

拥有好口才的一个先决条件就是敢说话、不怯场。敢开口说而不善于说不行，善于说而不敢说，也不行。既敢开口又善于说话的人，才算得上是口才好的人。

——戴尔·卡耐基

要相信
没什么东西是学不会的

生活中,很多女士都为要当众说话而发愁,她们为自己不能口吐莲花而烦恼。对此,我总是这样告诉她们:"世界上没有谁是天生的演说家。"说实话,当众讲话并不是那么难,它也有一定的技巧和规则。如果女士们能够按照这些简单而重要的技巧和规则去做,完全可以成功练就好口才。

1912年,我开始讲授当众演讲的培训课程。我真的没想到,会有那么多人对这门课程感兴趣——后来从这里毕业的学员竟然超过了50万人。我在演讲课里所教授的第一项内容,就是示范表演。每次课上,我都会请一些学员到讲台上,说说他们自己为什么学习这门课,以及他们想要从这种训练中得到什么。多数人所说的原因和基本需求都差不多:"在那么多人面前讲话,我总会觉得浑身不自在。总是害怕自己说错话,这种顾虑让我没办法集中精力思考,也不能清晰地把自己的想法表达出来。有时候,我简直不知道自己到底在说什么。我希望通过训练,可以让自己变得自信一点,能够随心所欲且不受任何干扰地思考和表达问题。我还希望,无论是在公共场合还是在社交人士面前,我都能得体大方地侃侃而谈……"

女士们,这样的回答是不是说到你心里去了?确实,我教过的学员中,很多人都有过类似的感受。她们对当众讲话心有余而力不足,所以都希望自己能够口吐莲花,说出令人记忆深刻的话。你愿意看口才方面的书,学习口才方面的知识,就说明你跟他们一样,也希望能够从我这里得到一些成功演讲的技巧。如果此刻你就在我面前,我想你一定会这样说:"亲爱的卡耐基先生,我是不是真的可以用你教授的方法,培养出自信的心态,进而能够优雅坦然地在众人面前讲话?"

在回答这个问题之前,我想先聊一聊我的过去。我半生的精力几乎全都花在帮助人们了解恐惧、消除恐惧、培养勇气和增强信心上了。我举办过的培训班大大小小加起来差不多有上百个,我教授过的学员有数十万人。他们身上发生的奇迹差不多可以写上几十本书。所以,不要问我是不是觉得你能成功,而是要问你自己能不能做到。只要你掌握了我所说的方法,坚持学习,时间长了,你就一定可以成为你想做的人。

女士们,不要怀疑。我相信,我在这本书里介绍的方法一定可以帮你实现这一目标。首先你要知道,这不是一本普通的,罗列各种各样的发音、发声技巧的教科书,而是用具体而科学的方法来帮助人们实现成功演讲的心灵指导课。它从零基础起步,然后一步一步帮助树立起自信,让你成为理想中的自己。你需要做的事很简单,就是配合。你要牢记我所讲述的种种方法,把它们用在一切说话的场合,不断地练习!坚持下去,你就可以战胜内心的恐惧,成为一个充满自信并能够口吐莲花的女人。

别怯场，说话其实一点也不难

想要真正掌握口才艺术，培养心理素质是必不可少的环节，你要敞开心扉，勇敢表现真实的自我，不要因为担心暴露自己的缺点就拒绝做这样的事。同时，我还要告诉你，人际关系是一面镜子，你要经常利用它来检验并提高自己的说话水平。

说话是一项实践性的活动。那些不敢开口、担心出错、不去实践的人，是不可能练出一副好口才的。不怯场，大胆张口，这是拥有好口才的一个关键因素。当然，只敢开口说却不善于说，是不行的；而只善于说却不敢说，也是不行的。唯有既敢开口又善于说话的人，才能在人际交往中如鱼得水。

在练习口才之前，你得知道自己为什么胆怯，才能想办法解决问题。某大学里的一项调查表明：演讲课上有百分之八九十的学生，在刚上课的时候都不太愿意走上讲台。因为他们心里害怕。但某种程度的登台恐惧感，是有好处的。因为人生来都有应对挑战的能力。所以，当你感到心跳加速、呼吸急速时，用不着太紧张。因为这是身体应对外来刺激的正常反应。它在提醒你，它正准备迎接即将到来的行为。如果这种生理上的准备是适度的，你的思路会变得很敏捷，说话也会更流畅。

不要说各位女士害怕登台，就连很多职业演讲者在登台前也会紧张。罗宾生教授在《思想的酝酿》一书中提到："恐惧都衍生于无知与不确定。"

很多人害怕当众说话，其实就是不习惯。要克服这个问题，方法只有一个，那就是练习、练习、再练习，直到熟悉演讲台上的灯光和台下的观众为止。一旦有了一次成功的演讲经历，你就会发现，当众说话不仅不是一种痛苦，反而是一种巨大的快乐。

前总统罗斯福说过："每一个新手，常常都有一种心慌病。心慌并不是胆小，而是一种过度的精神刺激。"人的很多能力是后天培养出来的，没有谁生来就能在公众场合游刃有余地说话。每个成功的演讲家都得经历艰难的"第一次"。有雄辩家之称的查理士第一次登台时，两个膝盖抖得不停地碰撞在一起；古罗马著名演说家希斯洛第一次演讲时脸色苍白，四肢颤抖……

许多女士在讲话之前，内心不停地打鼓：要是犯了语法错误怎么办？讲到一半忘了要说什么那该多尴尬啊！我要告诉你，这种想法是一种反面的刺激。如果你总是这样做的话，那么，在开始讲话之前，你就已经抹杀了你的自信心。

要避免自己在登台时太过紧张，在开始讲话之前，就不能把所有的注意力放在自己身上。你可以适当放松一下，听听别人都在讲些什么，把注意力放到他们身上。当然，你还可以在心里为自己鼓劲儿：你的人生经验丰富，也有专业技能。跟在场的听众比，你是最有资格来做这番讲话的……

少点反面刺激,多点正面暗示,你就能克服恐惧。给自己信心,这对训练口才至关重要。

别人能做到的，你也可以

1912年，我在纽约市125街的青年基督协会担任教学方面的工作。当时，我和学生们一样，脑子里对于当众说话的艺术根本没有任何概念。我最初的教学方法，很像我在密苏里州的华伦堡上学时所接受的教育。可是，很快我就发现自己犯了一个严重的错误。我教授的那些人，全是商界人士，可我却把他们当成大学一年级的新生来教育。韦伯斯特、柏克、皮特及欧康内尔等著名演说家的理论，对他们而言没有丝毫用途。我知道，他们需要的是在商务会议中自信十足地站起来，用出色的口才为那些参加会议的人们报告的风采。

到底该怎么做呢？如何才能让他们克服心理障碍，勇敢地开口讲话呢？我摒弃了以前的那些教科书，反复和学员们一起研究和练习，直接让他们大大方方地站在讲台上进行即时演讲。这样的方法果然奏效，这些学生在完成培训之后，纷纷表示还愿意再回到我的课上，掌握更多更实用的东西。

他们给我写了很多感谢信，说他们已经实现了自己的目标。如果有机会的话，我真的想让大家到我家里来看看这些来自世界各地的信。给我写信的学员，身处不同的领域，有的是企业领袖，大名经常被刊载在《纽约时报》和《华尔街日报》上；有的是国会议员、州长、大学校长和娱乐圈的明星；还有企业主管和受训中的主管人员，以及工人、工会会员、大学生和职业女性等。不过，在这些人中，更多的还是一些普普通通的人士，比如家庭主妇、教师、牧师。他们对自己缺乏信心，所以想学习如何在公开场合勇敢地展示自己的能力，让别人更好地接纳自己。

接下来，我想说一说马力欧·拉卓的故事。几年前的一天，我突然收到了一封电报，那是从古巴发来的。电报上说："除非你亲自阻止我，否则，我立刻就来纽约接受演讲训练。"这封电报的落款，是马力欧·拉卓。当时我很茫然，因为我压根就没有听说过这个名字，也不知道他为何要发这样的电报。

后来，拉卓先生到了纽约，我终于明白了事情的原委。他告诉我："哈瓦那乡村俱乐部要庆祝创建人50岁的生日，我要在那场晚会上做主持人，还要为他颁发纪念碑。虽然我是一位律师，可我从来没有进行过公开的演讲。一想到要面对那么多的听众，我就觉得害怕。如此隆重的社交场合，若是出丑了，我和妻子该多丢脸啊！这肯定会影响我在朋友心中的形象，也会令顾客失去对我的信任。所以，我特意从古巴赶过来，希望你可以帮助我。遗憾的是，我在这里不能久留，至多三个星期。你看可以在短时间内帮我解决问题吗？"

在三个星期的时间里，我为拉卓制订了一份严格的训练计划，让他每天坚持大声地演讲三到四次。三周之后，他回到了古巴，在哈瓦那乡村俱乐部的盛大宴会上，为所有来宾做了一场别开生面的演讲。《时代》杂志在国外新闻栏目中，对这件事做了特别报道，并称赞拉卓是一位"银舌雄论家"。

商界大亨大卫·M.古利奇在世的时候，有一次走进我的办公室，沮丧地对我说："我这一生最痛苦的事，就是不敢开口说话。每次当众讲话时，我都惊慌失措，怕自己说得不好。可是身在董事长的位子上，我又不得不主持会议。平常和熟悉的董事们一起谈话，我一点也不紧张，可以很自然地跟他们沟通。可是，一旦让我站起身讲话，我就会很有压力，有时甚至一个字也说不出来。这个问题困扰了我很多年，您有什么办法帮我吗？"

我说："既然你不知道我能不能帮到你，那你为什么还要特意来这里呢？"

他回答："我想试试！我公司里有一位非常害羞的会计师，他专门负责处理私人账目。每次走进办公室时，他都要经过我的办公桌。这么多年来，他一直都是小心翼翼地从我跟前走过，头也不敢抬，也不怎么说话。最近，我发现他完全不一样了，整个人看起来很精神，抬头挺胸地走进办公室，还直视着我说'早上好'。我简直惊呆了，问他是怎么回事，他告诉我，他参加了您的训练课程。看到他有了这么大的变化，我也想得到您的帮助。"

听了古利奇先生的解释后，我对他说："你只要按时来上课，严格按照课程的要求去做，几个星期之后，你一定会喜欢在众人面前讲话的。"

之后，古利奇开始参加训练，他从未落下一堂课，而且进步很快。三个月之后，阿斯特饭店舞厅举办了一场大型聚会。我邀请了古利奇，希望他可以说说自己在口才训练课程中获益的经验，让更多的学员能够借鉴一下。可惜，他已经提前与人约好，无法参加那次舞会。为了这件事，他还特意打电话给我，一再地道歉。

你猜，第二天发生了什么事？他又打电话说他要来参加，并激动地对我说："我取消了约会，我一定要来参加这个演讲，我要告诉所有人，训练带给我的收获。我还要用我的故事鼓励那些和我一样的人，让他们勇敢地面对自己，克服自己心里的恐惧。"原本，我只给他留了两分钟的演讲时间。可结果呢？他竟然在讲台上面对着3000人，侃侃而谈了十几分钟！

女士们，你们知道吗？像这样的事情，我亲眼见证了数千次。许多人因为参加了这项训练，他们的人生轨迹发生了翻天覆地的变化。有些人在职场上实现了晋升了愿望，有些人则在商场上赚了大钱。你可能会觉得这些事听起来很不可思议，可我要说的是，它真的发生了，就发生在20世纪，他们全都成功地克服了当众演讲的恐惧！

现在，我之所以把它们告诉你们，是希望你们知道，口才是可以学习和训练的；我更希望，在了解他们的成功经验后，你们可以受到鼓舞，多一些信心和力量。

心中牢牢记住
你想达到的目标

根特曾经对我说,掌握当众说话的技巧,不仅让他多了一份自信,还给他带来了很多快乐,并促使他取得了事业上的成功。我相信,他取得这样的进步,与接受我们的训练,认真不懈地完成课程安排的训练有一定关系。可我更坚信,他的成功源自内心的自我需要。这种强烈要成为成功演讲家的梦想激励着他,让他朝着既定的目标努力。我想,每一个渴望实现梦想的人,都应该努力做到这一点——牢记自己的目标。

艾林是联合国教科文组织的主席,他曾经写过一篇名为《演说与领导在事业上的关系》的文章,被刊登在《演讲季刊》中。他这样写道:"在商业领域中,许多人都是靠着出色的演讲而成名的。有一位年轻人,多年前不过是堪萨斯州一个小分行的主管,可在他在做了一场精彩绝伦的演讲之后,竟一跃成了公司的副总裁。"他所说的这个人我也有所耳闻,现在是国家现金注册公司的总裁。事实上,如果女士们能够在众人前面站起来,从容不迫地侃侃而谈,那么你的前途也会和他们一样，变得不可限量。

不久前，我与美国医药学会的前会长大卫·欧文博士进行过一次交流，我们谈到了当众演讲训练对身心有何益处的问题。对此，他微笑着说："回答这个问题，最好是开个处方。这个处方需要每个人自己配药，因为在药房里是买不到药的。"

欧文博士所说的处方，我的桌上也有一份。每次读这个处方，我都能收获新的东西。他的处方里到底写了什么呢？现在，我就把它的内容告诉各位女士：

你应当具备一种能力，让别人可以靠近你的心灵；你要学会单独与人相处，或是在人前大大方方地表达自己的思想和观念。当你通过这样的方式不断获得进步时，你会发现：你，那个真正的自己，正在他人心中塑造着不一样的形象。曾经认识你的人也会对你刮目相看。

遵守这份处方，你在与别人讲话时，自信心就会增加，你的性格也会变得越来越受人喜爱。如果你的情绪逐渐进入到一个良好的状态中，那么紧接着你的身心也会跟着好起来。

生活在世上，不管男女老少，都要开口讲话。但凡有机会，你就对几个人或者许多人说说话，说得次数多了，你就会越说越好。威廉·詹姆斯是哈佛大学最杰出的心理学教授，他曾经写下一段话，这些话是阿里巴巴勇探强盗宝穴的开门口诀，也是影响许多人一生的座右铭：

"无论做什么事，只要内心充满热情，就可以顺利地完成。如果你想要做好，那就一定可以做好。如果你的理想是致富，你就会成为富翁。如果你想知识渊博，你就会博学多才。只有想去实现某个目标,你才会真正爱上这些事情,专注于它们并且倾尽全力,而不再整天胡思乱想,或是做一些与之毫无关系的事情。"

培养当众说话的能力,可以帮助你树立自信心。一旦你发现自己可以勇敢地站起来,面对听众口齿伶俐、条理清晰地讲话,那么你在与他人进行个别的交谈时,会更加有自信和勇气。许多年轻人来参加我的"有效说话"课程,主要是因为他们在社交场合应酬时总会感到很拘束。后来,在他们培训后再和同事们讲话时,才发现天并没有塌下来。与此同时,他们也觉得自己当初的忐忑不安实在很可笑。在训练过程中,他们培养出了自信和风度,让周围的人对他们的印象大为改观。

女士们,当你随时随地都能站起来和听众们一起分享你的思想、你的感受,那种快乐和满足是任何事都无法比拟的。我环球旅行过很多次,可是依靠口才的力量影响全场听众的那种快感,是我在其他事情上无法找到的。演讲带给我的是一种力量感,一种强烈的掌控感。曾经,一位大学毕业生对我说:"在发表演讲最开始的那两分钟,我就算被鞭子抽打着也不想开口,可是到了演讲结束前的两分钟,我宁可吃枪子儿也不想停下来。"

此刻,你可以闭上眼睛进行冥想:你充满自信地走上了讲台,全场的听众都注视着你,充满了期待。你刚一开口,全场便鸦雀无声。紧接着,你开始了精彩不断、妙语连珠的演讲,听众们全神贯注地听着。最后,当你离开讲台的时候,响起了一阵热烈的掌声,大家对你的演讲给予了很高的赞赏。如果这是真的,是不是感觉很美妙?

从现在开始,多想象一下自己从容不迫地做着那些让你曾经感到害怕的事，想象着自己泰然自若地在大众面前讲话，台下掌声雷动……这样的积极想象，是打造超凡口才的一个重要秘诀。在此，我希望各位女士们都能够牢牢记住威廉·詹姆斯的这句话："如果你对结果充满了期待，那么，你一定会如愿以偿。"

不放过任何一个锻炼的机会

怎样才能锻炼自己的口才呢？很多女士们心中都有这样的疑问。坦白说，有这样的疑问是一件好事，说明你在潜意识里已经有了想要改变现状的欲望。要做到口吐莲花很简单，只要你知道并且相信，它是一种完全可以通过后天学习而拥有的能力。

第一次世界大战前，我在125街青年基督协会教授的课程，已经和当年完全不一样了。每一年，我都会在课程中淘汰一些旧的思想，然后补充一些新的观念。尽管改变很大，可这些年我的课程有一个特点始终没有被摒弃，那就是班上的每个学生，至少要有一次面对全班同学做演讲的体验。

为什么要这样做呢？因为如果一个人不下水，他永远也学不会游泳。练口才也是一样，如果不当众说话，任何人都没有办法掌握演讲的艺术。就算你读过了所有关于当众演讲的书籍，也只是纸上谈兵。要把课程上和书籍上的建议全部运用到生活中，它们才能真正帮到你。

曾经，有人这样问过萧伯纳：怎样才能游刃有余地当众讲话？萧伯纳是这样回答的："就和我学溜冰时的方法一样，不断让自己出丑，直到自己习惯为止。"

年轻时的萧伯纳，可谓是伦敦最胆小的人之一了。每次他在敲别人的门之前，总得在走廊里徘徊二十多分钟来酝酿勇气。他说："很少有人像我这样胆小，自己把自己折磨得够呛。"后来，萧伯纳加入了一个辩论学会，只要伦敦有公众讨论的聚会，肯定少不了他的身影。他把所有的精力都放到社会主义运动中，四处给人们作演讲。最后，原本胆小怯懦的他，竟然成了20世纪最有信心、最出色的一位演讲家。

有些女士诉苦说，自己很想练好口才，可是不知道去哪儿寻找机会。

我想说的是，说话的机会随处都有。比如，参加一些志愿者活动，承担一些需要当众讲话的工作。在公众聚会时，大胆地站起来让别人认识一下自己，哪怕只是简单地配合别人说话也行。出席会议时，不要躲在那些不起眼的角落，而是坐在最前排，大胆地说出你的想法！你甚至还可以当一个童子军的领队。总而言之，只要你细心观察，总能找到一些开口说话的机会。大胆一点，主动去说，否则，你就不知道自己会有怎样的进步。

曾经，一位年轻的商务主管告诉我说："卡耐基先生，你说的这些道理我都明白。可我还是害怕，一想到要面对那么多艰难考验，我心里就紧张。"我问他："哪些艰难考验？你为什么不用征服的精神来让自己进步呢？"

"征服的精神？那是什么？"他疑惑地问。

"就是冒险精神！"

女士们，不要把冒险这件事想象得太遥远，太困难。只要你把我所说的建议，全部付诸行动，而不只是停留在知道的阶段，那你就是在冒险了。自我引导的力量，还有敏锐的观察力，它们都是你强大的支柱。同时，你还会感受到，这项冒险会让你从内至外发生改变，和从前不再一样！

发自内心地相信，你一定会成功

在一次广播节目中，主持人向我提出一个问题：能不能用三句话来总结一下，你曾经学到的最重要的一课？对于这个问题，当时我是这样回答的："我所学过的最重要的一课，是认识到思想对我们而言有多重要。如果我知道你的思想，就可以了解你，因为是你的思想塑造了你。换句话说，若改变一个人的思想，就可以改变一个人的一生。"

任何一个想迎接语言挑战、让自己拥有好口才的人，都要有坚定的信心。在这里，我想用一个故事向你们证明这一点。我要说的这个人，现在已经是商界领域中的一位佼佼者了，然而，他读大学期间第一次站起来当众讲话时却出了洋相。当时，老师规定每个人要在台上讲五分钟，可是他还没有讲到一半，脸就变了色，噙着眼泪离开了讲台。这段耻辱的经历一直被他记在脑子里，他不甘心就这样认输。他发誓，一定要成为优秀的演讲家。经过不懈努力，他成功了。现在的他是政府的经济顾问，受很多人仰慕。

说起他的名字，或许你也听过，克莱伦斯·B.兰道尔。他曾经写过许多发人深省的著作，其中有一本书叫《自由的信念》，里面有这样一段："我的演讲安排得很紧凑，要去参加厂商协会、商务部、基金筹募会、校友会，还要参与其他各团体举办的集会。我在密歇根州发表过爱国演讲，慷慨激昂地投身第一次世界大战；与米基·龙尼下乡做慈善演讲，与哈佛大学校长詹姆士·布朗特·柯南和芝加哥大学校长罗伯·M.胡钦斯下乡做宣导教育；我还用不太流利的法语做过一场餐后演讲。我知道听众需要什么，知道他们喜欢我用什么样的方式说话。我还知道，很多东西只要我愿意去学，不可能学不会。"

对此，我与兰道尔先生有同样的感受。在语言训练的过程中，能不能成为一名好的说话者，完全取决于一个人想要成功的信心。如果我能够了解你的想法，知道你的意志力的强弱，知道你对学习的态度是积极的还是消极的，我就能够准确地预测出，你在改善沟通技巧上的进步能有多快。

我的中西部的班级里曾有一位名叫乔·哈弗斯蒂的学员。在参加训练的第一个晚上，他站起来充满自信地说，他不甘心只做一个房屋建造商，他要成为"全美房屋建造协会"的代言人。他希望能够把自己在房屋建造业中遭遇的问题和获得的成就，告诉全国各地的人们。乔·哈弗斯蒂不是口出狂言，后来他确实做到了。

他对理想有着狂热的追求，老师们都喜欢这样的学生。每次演讲之前他都做详尽的准备，认真仔细地练习，每次上课的机会他都会仅仅抓住。哪怕是在生意最忙的时候，他也会按时参加培训。他进步得非常快，这一点连他自己都觉得难以置信。仅仅两个月的时间，他就成了班上的优秀学员，还被大家推选为班长。

一年之后，他的老师这样写道："我对俄亥俄州的乔·哈弗斯蒂其实已经没有任何印象了。直到有一天早晨，我在看《维吉尼向导》时，发现上面有一张乔的照片。文章报道的是他前一天晚上在地区建造商的盛大聚会上发表的成功演讲。我非常震惊，这时的乔何止能够做全国房屋建造协会的发言人，他完全具备了做会长的能力！"

当年，尤利乌斯·恺撒从高卢出发，带领他的军团穿越海峡，在现在的英格兰登陆。据说，当时他把军队带到了多佛海峡的白垩悬崖上，让士兵望着脚底近200英尺①的悬崖下他们来时乘坐的船只被烧毁。那一刻，士兵们知道，除了前进和征服，别无选择。于是，恺撒和他的军团最终取得了胜利。

强烈的欲望，无限的热情和坚强的毅力，是成功必要的条件。当然，更重要的一点是，你必须相信自己会成功。女士们，当你站在讲台上，面向台下的听众而感到恐惧时，试着把那些你所害怕的消极思想全部扔到熊熊大火里，阻断自己退却的道路。如此，你一定可以做到你想做的事。

---

① 1英尺=0.3048米

Chapter 2
提高好感度的说话方式，轻松收获好人缘

在人类行为中，有一条至关重要的法则，如果我们遵守它，将会得到无数的朋友，获得无穷无尽的快乐。这条法则就是："永远尊重别人，使对方获得自重感。"

——戴尔·卡耐基

简短的寒暄，让交谈更愉快

与人见面时，简单地打个招呼问声好，这就是寒暄。生活中，有些女士对寒暄并不上心，但也有些女士非常重视寒暄，她们认为寒暄是加强人与人之间感情的重要纽带。

我比较认可后者的态度。礼貌而得体的寒暄，能够在短时间内向对方展示出许多东西，比如个人修养、文化素质、说话习惯等。得体的寒暄，可以给人留下非常美好的印象。那些交际场所上的成功人士，几乎都懂得这个道理。寒暄就像是在交谈中加入了润滑剂，满足人们的亲近要求，从而在交谈双方之间架起一座友谊之桥。

寒暄不拘泥于一种形式。你可以向对方问好，也可以赞美对方，还可以在见面时聊聊天气或是其他的事。你要知道的是，形式并不重要，重要的是寒暄时的态度和礼貌。

有人经过研究得出结论，人际关系行为模式中有一条规律：一方表现出的消极行为，会引起另一方相应的消极行为；一方表现出的积极行为，会引起另一方相应的积极行为。这不难理解，每个人都希望在交往中得到他人的尊重。见面时，彼此热情地打个招呼，关系自然就显得更亲近一些。如果两人中有一方高傲自大，对人不理不睬，另一个人可能就会心生厌恶。毕竟，谁也不喜欢傲慢无礼的人，这种姿态很容易诱发敌视情绪。

我们不妨以甲、乙两人相遇时的寒暄作为案例，详细地说明一下：

甲：你好！很久没见了。

乙：是啊，好久不见。最近很忙吧？

甲：确实。事情很多，你怎么样？

乙：我也一样。你这是要到哪儿去呢？

甲：我要到某某市场。你呢？

乙：去看望一个朋友，今天是他的生日。（点头微笑）再见！

甲：再见！

两人表现得都很热情，且礼貌得体。彼此问候一下，给对方留下了好印象。这份好印象，直接影响着他们日后的关系。倘若见面时一方表现得很热情，而另一方冷冷淡淡，那么这种美好的关系就会被破坏。

甲：你好！好长时间没有见到你了。

乙：是的。

甲：最近忙吧？

乙：不太忙。

甲：到哪里去呢？

乙：市场。

甲：再见！

乙：再见！

很显然，甲对乙的态度很主动，也很热情，可乙却表现得很被动，很冷淡。甲的热情没有得到相应的回报，心里定会对乙的冷淡和不礼貌心存不满，下次再见面的时候，他就不会这么积极主动了。久而久之，两个人的关系就会越来越疏远。

一般来说，那些人缘很好的女士们，往往都是热情的寒暄者。她们善于把握这种简短的机会以拉近双方的距离。那么，究竟该怎么做才算得上是礼貌得体的寒暄呢？这里有几条建议，女士们不妨作为参考：

首先，拿出你的热情，展露积极的姿态。遇到他人时，不管你的心情怎样，都要迅速调整好自己的情绪，进入一种兴奋的状态中，主动与对方打招呼，让对方从你的言语和神情中，感受到真诚与热情，感受到你对他们的重视。

其次，与对方寒暄时，一定要看着对方。如果你在说话时东张西望、漫不经心，顾左右而言他，别人会觉得你只是在敷衍，心里会很不舒服。

最后，选择适当的寒暄方式和话题。有研究者指出，和陌生人见面的四分钟内，最好只进行一般性的寒暄，比如相互问候，了解姓名，谈论一些无关紧要的话题。交谈不必过于深入和细致，也不要谈论那些容易引起争议的话题。其实，就算是熟人之间，比如老同学、老朋友，在寒暄时也要选择恰当的话题。与熟人的寒暄方式有时只需要一句话、一个招呼，甚至一个眼神、一个微笑、一个手势就行。与陌生人寒暄，往往有两三个问答往复就行了，没必要问得太多。否则的话，会给人一种"别有用心"的感觉。

记住对方的名字，
给你的社交形象加分

每个人都很看重自己的名字，希望别人能够记住。所以，要想给人以好感，最简单、最有效且最重要的方法，就是牢牢记住对方的名字，并且随时都可以叫出来。这样的话，别人会感觉到自己受到了重视，而这种受人重视的感觉是几乎每个人都渴望拥有的。

有时要想记住别人的名字，确实不是一件容易的事，特别是这个人的名字繁琐难记的时候，人们心里往往会想："算了，不如就叫他的昵称吧！"不过，看完下面的故事，我想你会有所改变的。

希德·李维是我教过的一位学员。他曾经拜访过一位顾客，那位顾客的名字很拗口，叫尼古德玛斯·帕帕都拉斯。周围的人觉得他的名字太难记了，干脆都称呼他"尼克"。李维对我说，他在拜访这位顾客之前，特别用心地记了他的名字。见到对方的时候，他问候说：'早上好，尼古德玛斯·帕帕都拉斯先生。'对方愣在了那里，半天才缓过神来。李维没想到，那位顾客最后竟然流下了眼泪，用颤抖着声音说："我在这个国家待了15年，还从来没有人像您这样称呼过我真正的名字。"

女士们，听完李维的讲述，你是不是很意外：原来清楚地记住别人的名字，会产生如此出其不意的效果！是的，事实就是这样。相反，如果你弄错了别人的名字，那比称呼对方的昵称更加糟糕。

多年前，我在巴黎组织过一个有关演讲的培训班，需要给居留巴黎的美国人发邀请函。当时，我雇佣的那个打字员是法国人，英文说得不太好，在填写姓名时出现了错误。结果，培训班里一位在巴黎某家美国银行做经理的学员给我寄来了一封责备信。看过信件，我了解到，原来是那个法国打字员把他的姓名字母拼写错了。

可能，有些女士会说："我的记忆力实在不好，那些拗口的名字我很难记清楚。"对此，我只能说，多数人记不住别人名字的原因，是因为还没有真正地意识到这件事的重要性。现在，听了这些故事，你应该已经知道牢记他人的名字有多重要了。既然如此，为什么不肯再多花一点时间和精力去做呢？

拿破仑的侄子，即拿破仑三世，曾经说过这样的话："尽管很忙，可我不会忘记所听过的每个人的姓名。"不是他的记忆力比别人强，而是他有个不错的方法。其实，这个方法很简单，你我都可以运用——如果他没有听清楚对方的名字，他会请求对方再说一次。如果这个名字不太常见，他会请求对方拼写一下。在谈话的过程中，他会反复记忆这个名字，把它与对方的长相、外表和其他特征联系起来。交谈结束后，他还会把那个名字写下来，盯着看很久，直到确定自己完全记住了，才会放下。如此一来，自然就能把别人的名字记得很清楚了。

再来说一件事。1889年的一天，纽约洛克雷村的人们为一个小孩送殡，汇阿雷也参与了。他到马厩里去牵马。当时天寒地冻，那匹马可能由于下雪的原因被关得时间太久了，好不容易被放出来，所以显得异常兴奋。它高高地举起两条腿，不停地打转。不幸的是，马蹄一不小心落在了汇阿雷身上，要了他的性命。

汇阿雷留给妻儿的只有几百块钱的保险金，一家人日子艰辛。吉姆是汇阿雷的长子，为了维持家里的生活，他没有再去读书，而是到一家砖厂做工。那一年，他只有10岁。他负责的工作是先把沙土倒进模子中压成砖瓦，然后再拿到太阳底下晒干。每天的工作很辛苦，可他却有着爱尔兰人豁达的性格，周围的人都很喜欢他，也愿意跟他做朋友。

吉姆没有读过中学，可到了46岁那年，却有四个大学赠予他荣誉学位。他当选过民主党全国委员会的主席，也担任过美国邮务总长。在成长和工作的过程中，他培养出了一种特殊的才能，那就是善于记住人们的名字。

有一次，我专程去拜访吉姆先生，希望了解一下他的"秘诀"。他给我的回答非常简单，只有两个字：苦干！对于这个答案，我并不是很满意。所以，我摇摇头说："吉姆先生，不要开玩笑了！"

他反问："卡耐基先生，你认为我为什么会成功？"

我说："吉姆先生，我知道你可以叫出一万个人的名字。"

吉姆先生说："不！我大概能够叫出五万个人的名字。"

不是吹牛，他真的有这样的本领，否则的话，他也不能进入白宫帮助罗斯福。罗斯福竞选总统的前几个月，吉姆在19天的时间里，走遍了美国20个州，途经一万两千里。途中，他乘坐火车、汽车、轮车，还有马车。每来到一个城镇，他就会去找熟人吃早餐、午餐、茶点或晚餐，跟对方诚恳地交谈一番，然后再继续下一段行程。回到东部之后，他马上写信给各个城镇的朋友，请他们把自己支持罗斯福的朋友名单寄给他。那些名单上的人真的很多，可他们都得到了吉姆亲密而富有礼貌的复函。

在与人交往的过程中，吉姆发现了一件事：多数人都特别在意自己的姓名。如果能记住一个人的姓名，并且很自然地称呼他，就可以表示出自己对他的恭维和赞赏。吉姆的记忆方法并不是很难。每次遇到一个新朋友，他会问清楚对方的姓名，家里有几口人，对职业和当前政治有什么看法。了解之后，他就牢牢记在心里。下次遇到这个人，哪怕已经时隔一年了，他还是可以拍着对方的肩膀，问问他的家人好不好。甚至，他还可能会谈起对方家里种的花花草草。

我想告诉所有女士：记住别人的名字，的确需要花费点时间和精力，但这项投资是很划算的。就像爱默生说的那样："礼貌是由小小的牺牲换来的。"如果你打算融入社会，想要成为交际场上深受欢迎的女性，那么，这点牺牲又算得了什么呢？

注意语调，成就说话动听的魅力

语调，就是说话人的语气和声调的结合。语调能够展示出一个人话语中的情感。许多人不重视语调，事实上，它也是说话内容的一部分。有时候，语调表现出来的东西，比所说的内容还要多。打个比方，当你充满真诚地讲话时，就等于在告诉对方："我所想的就是我所说的，我所说的就是我所想的，我现在这样做，表示我尊重你。"这样一来，你会更容易赢得对方的信任。

语调就像是说话者的另一张表情。试想一下：当你给一个人打电话，他的语气很热情，虽然你们没有见面，可从声音里你还是可以判断出他很开心。如果他的语气很冷淡，那么就算他告诉你一件很值得开心的事，你也会觉得这没什么可高兴的。与此同时，语调还能表达出多种含义。比如，用不同的语调来说"啊"这个语气词，表达的是"我懂了"、"我没听清楚"，或者是"我很惊讶"、"我终于明白了"几种截然不同的意思。

第一次世界大战结束后不久，有一天，我闲来无事去了一家公园。我听说，经常有人在那里探讨各种宗教信仰和政治问题，我希望去观摩一下。

果然，当天有一位天主教徒在向人们解释"教皇无谬论"是什么意思。一位社会主义者在谈论对卡尔·马克思的看法，还有一位男士在大谈多妻制度。他们三位在讲话的时候，我一直留心听众们的反应。最开始，大家都围着那位高谈一夫多妻制的演讲者，可是听着听着，那些人就慢慢散去了。相反，起初并不太惹人注意的"天主教徒"和"社会主义者"，身边围绕的听众越来越多。这是怎么回事呢？难道是话题的原因吗？

我特别研究了一下这个问题。结果发现，演讲者的态度和语调，直接影响着听众的兴趣。那位大谈特谈多妻制的男人，自己似乎对娶三四个老婆不太感兴趣，他的语调听起来没有一丝高兴的感觉，听众们也觉得很枯燥。而"天主教徒"和"社会主义者"两个人，情绪高昂，沉醉于自己所讲的话题中。他们挥舞着手臂，发出高亢的声音，吸引了一大批听众。

不恰当的声音会让听者对说话的内容失去注意力，变得麻木，根本没有心思去思考你在说什么，而语调良好的声音却会产生截然相反的效果。那些口才颇佳的女士，不仅声音悦耳动听，语气和语调也很打动人。不管是什么事，从她们嘴里说出，总是可以触人心弦，引起共鸣。据说，曾经有个意大利的演员，用悲伤的语调朗诵阿拉伯数字时，竟然让人听着听着就流下眼泪。

很多女士在训练口才上，走进了思想的误区，她们总习惯花费精力找寻说话的内容，却从来没想过语调方面的问题，也从来不知道从对方的语调中获取信息。比如，拿起听筒，听到男友的"喂"

字，如果细心一点，你完全可以知道他是不是还在生你的气。同样，一声招呼也可以听出母亲是不是没有睡好觉，朋友是不是已经顺利通过了面试。这些信息，根本不用他们告诉你，因为在声音的变化中，你应该可以感受得出来。

悲伤难过的时候，你的语调会显得苍白空洞；狂欢一夜之后，你的语调会显得缺乏底气；到海边游玩一周，你的语调又能重新充满活力。所以，有人说了这样一句话："嗓音是身体的音乐，语调是灵魂的音乐。"

女士们，从现在开始，多注意一下自己的语调。在合适的场合选择合适的语调，或慷慨激昂，或抑扬顿挫，或舒缓平和。当你的声音能够表达出丰富的表情时，人们会更喜欢听你讲话。

有修养的女人从不夸夸其谈

生活中,有不少女人喜欢自说自话,与人争论不休,这些都是不成熟、不理性的做法。倘若她还在人前自我炫耀,那就更加显得愚笨无比了。

回忆一下,在过去的生活中,你是不是经常说这样的话?

"幸好他听了我的建议,要不然他现在不会是这样。"

"他们都想把我打倒,可结果呢?我把他们全都征服了。"

"这群人真是愚蠢,每天忙活了半天,到最后竟然都不如我。"

"我感觉,这件事我做得很漂亮,她是没法儿跟我比的。"

……

如果你经常这样说话,那你真的要改改了。要知道,一句自夸的话就像是一粒坏的种子,从你的口中播撒,种在别人的心田,到最后只会长出憎恶的果实。

我们来做个设想,假如听到这样的话——"那次麻烦,若不是我出面解决,还不知道怎么样呢?你应该知道,他们看不起任何人。

不过，在我面前，他们却不敢那么放肆……"扪心自问，你会有怎样的感受？会不会觉得说话的人太狂妄？就算这番话属实，但若换一种方式来说——"当时，我恰好在场，就帮他们劝解了一下"，这样会不会让人听着更舒服？

当值得称赞的事被人知道后，他们自然会对你产生好感和崇敬；可如果你自夸式地把事情说出来，往往得不到这样的结果。别人听到你的炫耀时，可能会轻视或鄙夷你。

喜欢炫耀自夸的女人，难以找到真正的朋友。那份自恃清高和傲慢无礼根本不是交朋友该有的态度。别人会认为，她想要的只是奉承与顺从的观众，而不是朋友，因此对她避而远之。有句话值得女人深省："面子是别人给的，脸是自己丢的。"自己若有真本事，那么赞美的话应该从别人的嘴里说出来，自吹自擂不过是在丢自己的脸而已。但凡有修养的女人，很少谈论自己，更不会夸张自己。与其自我夸张，不如表示出谦和矜持，把好与坏留给别人去评判。

各位女士，要想做个有内涵、说话惹人喜欢的女人，千万要管好自己的嘴巴，不要自吹自擂。

幽默是一种高雅的风度

语言，是人与人沟通时最重要的表达方式。换句话说，如果语言存在障碍，那么人际关系必然会受阻。在交谈的过程中，想要拉近彼此的距离，幽默感无疑是一剂良方。在社交场合，风趣幽默的说话方式，往往更能体现出一个女人的礼仪与修养，同时也能彰显出她的个性魅力。

幽默在谈吐中有什么作用呢？英国作家哈兹里特做过一个形象的比喻，他说幽默就像是炒菜用的调料品。我认为，这个说法很贴切，恰如其分地说明了幽默在沟通时的重要作用。虽然我们在谈话时会涉及很多实在的内容，可若言谈过于严肃和平直，没有一点幽默感，简直就像是一杯白水，没有任何滋味，不足以吸引人。

幽默可以帮助人树立一个良好的形象，彰显出一个人良好修养和出众的智慧。一句小小的幽默话，会让你显得与众不同。所有深谙制胜之道的人，都不会轻易放过用幽默展示自己的机会。

有一次，英国前首相威尔逊为了推行他的政策，在一个广场举行公开演讲。当时，大概有数千人在广场上聆听他的发言。突然，人群中有人扔出来一个鸡蛋，不偏不倚恰好打在威尔逊的脸上。安全人员赶紧去找那个闹事者，结果发现，扔鸡蛋的人竟然是一个小孩。威尔逊了解情况后，让他们把小孩放开，然后问了问他的名字、家里的电话和住址，并让助手当众记下。

　　台下听众躁动了，议论纷纷。他们猜想，威尔逊是不是要惩罚那个孩子？这时候，威尔逊让大家保持安静，他镇定地说："在对方的错误里发现自己的责任，这是我的人生哲学。刚才，那位小朋友用鸡蛋打我，这种行为不太礼貌。可身为大英帝国的首相，我有责任和义务为国家储备人才。那位小朋友，从那么远的地方扔过来，还打在我的脸上，说明他是一位很有潜力的棒球手。所以，我要记下他的名字，以后让体育大臣们重点培养他，为国家效力。"这番话说完，听众们哄然大笑，演讲的气氛也变得轻松起来。

　　有人说，威尔逊完全是小题大做，故弄玄虚。不管怎样，他能从别人的错误中发现别人的长处，并且在不利的场面下想到有效的办法化解来尴尬，让坏事变成好事。这就是一种能力。

　　幽默不是为了玩乐而运用的语言形式，而是代表着一种高雅的风度，象征着有知识、有修养。幽默蕴含着许多的东西，比如严肃、智慧、情趣、修养。懂得运用高雅的幽默，这会让更多的人乐意与你交往。

　　有一次，林肯在进行讲演时，台下突然有位不知名的先生递给他一张纸条。林肯打开一看，纸条上赫然写着"傻瓜"两个字。当时，林肯旁边也有很多人也看到了字条上写的内容，他们面面相觑，而后又都盯着总统，看看他将如何处理这次公然挑衅。

林肯沉思了一会儿，微微一笑，说道："我收到过太多匿名信，上面只有正文而没有落款，今天这封信却不一样，只有署名，却没有正文。"话刚一说完，台下知情的观众就为林肯的机智和幽默热烈地鼓起掌来。那位"傻瓜"先生见此情景，混在人群中灰溜溜地走掉了。紧张的会场气氛，顿时轻松了起来，演讲也没有受到任何影响，继续进行。

幽默感是个人能力、性格、爱好和意志的综合体现。富有幽默感的人，就像是一块强大的磁铁，能把一颗颗散乱的心吸入它的磁场，拉近彼此的距离，也会给人带来欢乐。幽默感是智慧的火花，若每位女士都懂得在社交中运用这份智慧，那她必定会成为最受欢迎的人。

多谈谈别人感兴趣的事

近十年来,我在美国大部分州都开设了培训班,加起来大概有几十个,每天都有数百人前来报名。近年来,女学员的比例越来越大。有些是刚刚毕业的女学生,有些是公司里的普通女职员,还有一些是家庭主妇。我很高兴她们来参加培训,毕竟学习是一件很有意义的事。她们愿意学习,就证明她们内心渴望成功,同时,也证明女性在社会中的作用和价值在不断增大。

不过,在跟众多女学员相处的过程中,我发现了一件事:女士们似乎都很在意别人怎么评价自己,她们总希望自己得到他人的喜爱。课后,经常有女学员找到我问:"卡耐基先生,你说我该怎么做呢?我想认识更多的朋友,并让他们都喜欢我。"

如果你在与别人相处的时候,让别人觉得很愉快,他们自然愿意跟你交往。可是,怎样才能在沟通中让人高兴呢?我有个妙方要告诉各位女士,那就是多谈论对方感兴趣的事。

罗斯福总统,在沟通方面可谓是成功典范。每次有客人拜访,他都会尽可能详细地了解对方的情况，再花上一晚上的时间来了解对方感兴趣的东西。这样在交谈的时候他就可以提出对方感兴趣的话题。所以，不管对方是经济学家、外交家、政客，还是教师，罗斯福都能非常愉快地跟他们交流，并且很快和他们成为朋友。

曾经在耶鲁大学任教的费尔普教授，很小的时候就懂得了这个道理。他曾在一篇文章中写道："我八岁那年，到姑姑家过暑假。有一天，姑姑家来了一位中年男士，他跟姑姑简短地聊了一会儿之后，就开始跟我说话。那时候的我，对帆船非常痴迷，那位中年男士似乎对此也很感兴趣，他跟我说了很多和帆船有关的事。他要离开的时候，我恋恋不舍，还对姑姑说：'他真是一个好人。而且，他竟然也和我一样喜欢帆船。'姑姑笑着说：'其实，他不怎么喜欢帆船。他是一位律师。'我以为姑姑骗我，说道：'他怎么可能不喜欢帆船呢？刚才，他一直都在跟我说帆船的事啊！'姑姑对我说：'他是一个高尚的人。知道你喜欢帆船，为了让你高兴，他才会一直滔滔不绝地跟你说帆船的事。当然，他这么做也是希望你能喜欢他。看看，现在你不就很喜欢他吗？'"费尔普在文章的结尾写道："我记住了姑姑这番话，也知道了该如何让别人喜欢自己。"

当你跟别人说起自己感兴趣的话题时，心里肯定很兴奋，迫不及待地想要表达自己，连续说上很长时间都不会觉得累。其实，别人也跟你一样，你若和他聊他喜欢的事，他会很兴奋，也会有强烈的表达欲望。如果你能让他的欲望得到满足，他自然会对你产生好感，并且对你充满感激。学会利用这个技巧，你不仅可以改善自己的人际关系，还能让自己更受欢迎。尤其是在求人办事的时候，效果更好。

现在，我来说说查尔斯夫人的故事。她是一家面包店的老板，一直以来，她希望能跟一家旅馆合作。因为那家旅馆对面包的需求量很大，如果能把自己公司生产的面包提供给他们，无疑对查尔斯夫人的公司非常有利。为此，查尔斯夫人每个礼拜都会去拜访那家旅馆的经理，经常给他带上一些小礼物。可惜，那家公司的经理似乎并不领情，一直都没答应查尔斯夫人的合作请求。

后来，查尔斯夫人开始关注人际关系学，并找到了问题的关键：要想让对方答应自己的要求，就得先让对方喜欢你；要想让对方喜欢你，就得找到对方的兴趣点，然后多跟他们谈谈这个话题。查尔斯夫人决定试试这个办法。

她经过多方打听得知，那家旅馆的经理是美国旅馆招待员协会的会员，一直希望能当上该协会的会长。所以，不管什么地方举行大会，他都会积极参加，哪怕路程很远。得知这些之后，查尔斯夫人决定再去拜访一下他。

再次见面时，查尔斯夫人完全没有提起订购面包的事，她跟对方不停地谈论美国旅馆招待协会的事。显然，旅馆经理非常兴奋，跟查尔斯夫人聊了一个多小时，直到下午五点钟，他才意犹未尽地结束了这场谈话。谈话期间，查尔斯夫人没有说过有关面包的任何事，可就在两天之后，那家旅馆的经理竟然主动给她打电话，让她提供一份面包价目表和样品。

之前，查尔斯夫人费了很大力气都没能说服那位经理，可这次只用了一个多小时的时间，就把问题解决了。究其根本，还是因为她发现了对方的兴趣点，投其所好。对方心里高兴了，就算你不跟他提出自己的要求，他心里也知道你是为了什么，最后欣然帮你。

很多女士在生活中只顾着表达自己的心情，不太懂得迎合他人的兴趣。这种不好的说话习惯，让她们失去了很多朋友。从查尔斯夫人的故事里，我希望各位女士改掉这种习惯，并明白一个道理：要想获得别人的帮助，千万不要急急忙忙地把事情说出来。你不妨先找到对方的兴趣点，跟他聊聊那些话题，等他心情愉快了，舒畅了，再谈正事，会更容易成功。

赢得人心，就要让对方多说话

生活中，我在跟不少女士交谈时，发现了一个问题：当她们渴望别人同意她的想法时，总是会说很多的话，尤其是在推销东西的时候，更是滔滔不绝。每每这时，我都会这样建议她们：

你应该多让对方说说他的想法，他比任何人都清楚自己的事。你该多问点问题，让他来回答。就算你对他所说的话有异议，也不要立即插嘴，因为这样是很不礼貌的。如果他的需求没有得到满足，那他根本不会注意到你所说的。你应该怀着愉快的心情，做个好的聆听者，用真诚的态度来鼓励他，让他把想说的话全都说出来。

也许你会问："这办法有用吗？"有没有用，我们一起看看下面这件事，就知道答案了。

费城电气公司的范柏先生，在宾夕法尼亚一个富庶的荷兰农民区作视察访问时，经过了一户整洁的农家。他问该区的代表："为什么这些人不用电呢？"那位代表看起来很不耐烦，没好气地说："他们全是守财奴，很抵触电气公司。我跟他们谈过了，一点希望都没有,你还是放弃吧!他们不可能买你的任何东西。"范柏知道那位区代表没有撒谎,可他还是想再尝试一次。

范柏轻轻敲了这户农家的门。门开了一个小缝,年老的埃立特太太探出头来看了看。不过,这位老太太看到是电气公司的代表,马上就把门关上了。范柏先生再一次敲门,她打开后直接告诉他,自己不需要电气公司的帮助。

范柏先生没有解释什么,反而说:"埃立特太太,很抱歉打扰您,我并不是来向您推销电气的,我只是想买点鸡蛋。"埃立特太太一听,把门开得稍微大了些,探头出来,带着怀疑的目光看着他。范柏先生说:"我看你养的都是多米尼克鸡,我想买一打新鲜的鸡蛋。"

埃立特太太又把门又拉开了一些,说:"你怎么知道我养的是多米尼克鸡?"

范柏先生说:"我自己也养鸡,可是没有你这里的多米尼克鸡好。"

埃立特太太怀疑地问:"你为什么不用自己的鸡蛋?"

范柏先生说:"因为我养的是亨鸡,下的是白蛋。我太太对自己做蛋糕的技术非常自信。你也会烹调,肯定知道如果做蛋糕的话白鸡蛋不如棕色的好。"

听到这样的话,埃立特太太才放心地走了出来,态度也温和了许多。范柏先生看到她家的院子里有一座很好的牛奶棚,他说:"埃立特太太,我相信,你养鸡赚的钱肯定比你丈夫养奶牛挣得多。"埃立特太太听到这番话高兴极了。她很高兴范柏先生这样说,只不过,她没法儿让她那固执的丈夫承认这件事。

她请范柏先生和那位代表一同去参观她的鸡房,范柏先生一边参观一边真诚地赞赏她养鸡的技术,还找了很多问题向她请教。交谈中，他们交换了不少经验。突然，埃立特太太转移了话题，她提起附近的几位邻居在鸡房里都安装了电灯，据说对催鸡下蛋效果不错。她向范柏先生征求意见，问用电是不是划算。两个星期之后，埃立特太太的鸡房里，安装了电灯。范柏先生做成了这笔生意，埃立特太太也得到了更多的鸡蛋，彼此都有收益。

对于这件事，范柏先生说："如果不投其所好，我永远无法把电器卖给这位荷兰农妇。和这种人做生意，绝对不能要她买什么，而是她自己想买什么。"

几年前，美国最大的汽车公司准备采购一年所需要的坐垫布。当时，送来样品备选的有三家厂商。汽车公司的高级职员验看后，请三家厂商约定某日各派一位代表到公司进行商谈，待商谈结束后，再决定用哪家的产品。

这三家厂商中，其中有一家厂商的代表叫奇勒。在商谈的那天，他不幸患上了严重的喉炎。在我的讲座班上，他对我说起了那天发生的事情。

"真没想到，轮到我去跟对方洽谈的时候，我的嗓子竟然说不出话了。我走进一间办公室，与纺织工程师、采购经理、推销主任和那家汽车公司的总经理见了面。我们都围绕着一张桌子而坐，因为无法说话，我只能用笔写下我的情况，告诉他们我生病了。这时，那位总经理突然说：'既然你不能说话，那就让我来替代你吧！'

"接下来，他真的替我说话了。他把我的样品一件一件地展开，逐一介绍它们的优点。然后，他们开始进行讨论。那位经理代表的是我，所以他一直站在我的立场上说话。当时，我只能用点头微笑或者是手势来表达我的意思。

"这个特别的会议最终让我成功拿到了订货合约。这家汽车公司向我订购了50万件的坐垫布，总价是160万。可以说，我做了那么长时间的推销，还是第一次拿到这样大的订单。我想，如果不是我的嗓子哑了，我可能会失去那份订货合同。我原以为，自己应该多介绍产品的好处，可现在我发现，让对方来说产品的好处，比我讲话更有效。"

芭芭拉·威尔逊与女儿劳里的关系越来越糟糕。劳里原来是个安静、听话的女孩子，可是随着年龄的增长，她变得越来越不听话。威尔逊夫人曾经多次教育她，甚至动手打她，可都没有用。

威尔逊夫人说："有一天我差点就崩溃了。劳里不听我的话，没有做完家务活，就跑出去找朋友玩了。她回来之后，我想像往常那样训斥她一番，可当时我已经被气得说不出话了。我看着她，难过地说：'劳里，你为什么要这样做呢？为什么？'

"劳里似乎也感受到了我的痛苦，她平静地对我说：'你真的很想知道吗？'我点点头。开始时，她还有点犹豫，可之后就把所有的想法都说出来了。我这才知道，原来我一直都在告诉她什么该做、什么不该做，从来没有认真地听过她的想法。当她想对我倾诉时，我总是用命令的语言加以阻止。我开始明白，她需要的不是一个发号施令的母亲，她需要的是一个可以在成长的过程中为她排忧解难的朋友。我本来该安静地听她说说话，可我却一直在不停地训斥、怒吼，根本没有真正给过她说话的机会。

"从那以后，我尽可能地让她把自己的想法都告诉我。渐渐地，我们之间的关系和从前不一样了，劳里又变成了原来那个听话的乖孩子。"

世界著名的记者迈克逊说:"不肯留神去听人家说话,是不受人欢迎的原因之一。通常,他们只关心自己该怎么说下去,根本不管别人要说什么。要知道,世界上多数人都喜欢乐于倾听的人,很少有人喜欢那些不停地说自己的人。"

各位女士,如果你想让别人听你讲话,你就该推己及人。换句话说,你喜欢滔滔不绝地讲述,别人认真地倾听你,那么你就要知道,别人也希望遇到一位这样的倾听者,让他们有滔滔不绝说个痛快的机会。将心比心,我想,你一定知道以后该怎么做了。

要学会尊重别人的意见

生活中，要改变别人的意见并不容易。就算用最温和的方式也不一定能做到，挑战的方式就更不用说了。如果你想向别人证明什么，一定要记得运用一些技巧，就像伽利略说的那样："你不能教人什么，你只能帮助他们去发现。"你说的话，听起来不能像是在训斥别人，而是要让对方觉得，他们所犯的错误和无知，只不过是因为忘了或是疏忽了。

雷恩克先生是一家知名汽车公司的代理商。每次遇到客户投诉时，他总是表现得很冷漠。这种做法让客户很愤怒，彼此间造成很多不愉快。后来，他意识到了这个问题，明白这样做对他没有任何益处，于是他就换了一种方式。再遇到投诉时，他会对顾客说："对于公司所犯的错误，我感到很遗憾。请你把遇到的具体情形告诉我。"

这种方式可以很快平复顾客的敌对情绪。因为一旦他们的情绪放松了，他们就会讲道理而不是一味抱怨。对于雷恩克的谅解态度，许多顾客表示感谢，还有两位顾客推荐朋友过来买车。市场竞争如此激烈,能够拥有并维护住这样的顾客实在难得。对此,雷恩克说:"尊重顾客的意见,对他们周到有礼,也是在竞争中胜出的资本。"

纽约一家木材公司的销售员克里克,给人的印象总是尖酸刻薄。他习惯指责那些木材检验人员。虽然每次都在口头上占了上风,可实际上他并没有得到什么好处,甚至还连累公司遭受上千万的损失。所以他决定,以后不再与人抬杠,要彻底改掉这个习惯。

他告诉我:"有天上午,我接到了一个电话,是一家公司的主管打来的。他生气地告诉我,我们运去的一车木材不符合他们的要求,他的公司已经下令停止卸货,让我们赶快把木材拉走。

"挂断电话后,我就赶往对方的工厂。一路上,我绞尽脑汁地想该怎么办。在当时的情形下,我先想到的是凭自己的专业知识和工作经验和去说服检验员。可后来我想到,训练课程里不是讲了一些为人处世的技巧吗,何不用来试试?

"到了工厂,我看见采购主任和检验员阴沉着脸等我。看了看木材的情况,我让卸货人员继续卸货,又让检验员把合格与不合格的木材分别放在不同的地方。看了一会儿,我发现了一个问题,他们的检查太严格了,而且检验规格也有问题。我知道那位检验员对硬木非常在行,可那批木材是白松,他对检验白松明显缺乏经验。碰巧,我对白松非常熟悉。难道我要当面告诉他,白松等级不是这样评定的吗?这显然不太妥当。

"我继续观察,并慢慢询问他某些木料不合格的理由是什么,没有说一点任何暗示他检查错了的话语。我告诉他,这样问只是希望以后送货时,能保证满足他们的要求。我表现出的是友好和真诚,还坚持让他们把不满意的木材挑出来,这种做法让他们很满意。这时，那种紧张的氛围也缓和了不少。偶尔，我会小心翼翼地提问几句，让他感觉到，有些不能接受的木料其实是合格的。但我说这些话的时候很谨慎，尽量不让他觉得我是在刻意为难他。

"慢慢地，他的态度不一样了。他坦白告诉我，他对白松木知道的不是很多，还向我询问有关白松木板的问题。我耐心地解释，为什么那些白松木板都是合格的，不过我还是告诉他，如果他们认为不合格的话，可以退货。我能看出他有点愧疚。最后，他对我说问题不是出在我们，而是他们没有指明自己所需要的是什么等级的木材。

"我离开之后，他把卸下的木材重新检验了一遍，然后全部接受。我们也顺利地收到了一张全额支票。在处理这件事时，我控制着自己不去指责对方，而是尊重他们的意见，结果让公司减少了损失，与客户之建立了良好的关系。这些东西都是金钱无法实现的。"

我非常认同克里克的做法。一个人提出的意见如果被对方全盘否定，他的自尊心、判断力、荣誉感都会受到伤害。而且出于对自尊心的维护，他可能会以牙还牙，给予反击。这样一来，让他改变主意就更难了。相反，一个人提出自己的意见之后，受到了某种程度的重视和肯定，他的自尊心会引导心理活动形成一种兴奋优势，这种兴奋优势会让他得到情感上的亲善体验，还有理智上的满足。这样的话，纠纷就很容易被调解，使争执双方达成统一的意见。

所以，我希望各位女士在生活中与人接触时，对别人的错误别太敏感，对自己所谓的正确意见也不要过于执着，更不要轻易激怒任何人。要记住这句话：你可以不同意对方的意见，但你要尊重他们的意见。唯有懂得尊重他人意见的女士，才能赢得他人的尊重和喜爱。

在恰当的时候与人告别

女士们,你是否遇到过这样的情况:起初与某个人交谈甚欢,聊了一会儿后,发现对方非常健谈。你已经有想结束谈话离开的意愿了,可对方却依然滔滔不绝。你觉得很为难,不知道该怎么打断他?

一个受人喜欢的女性,在与人交谈时必须得知道如何利用恰当的时机提出告别,而不会令对方感到不愉快。

詹姆斯以前参加过我的培训课程。可他感觉自己学到的东西还不够用,就又一次进了课程训练班,想再多学习点东西。我非常欢迎他的到来,并问道:"你认为自己目前最大的问题是什么?"

詹姆斯很坦白地告诉我:"说心里话,我也不知道我的问题在哪儿。从你的课程里,我学会了热情、自信和勇敢,还有如何赞美别人……这一切都让我受益匪浅。可是不知道为什么,人们与我见了一次面之后,就不太欢迎我再去他家里做客。"

我觉得很奇怪,问:"这是为什么呢?"

"我也不知道。"詹姆斯继续往下说。我真的没想到,他竟然从朋友的个性，说到了阿拉斯加的天气，又说到风土人情，这一番话滔滔不绝，竟然说了近三个小时。我听得满脸倦意，真的很想结束谈话。庆幸的是，我也由此知道了詹姆斯不受朋友欢迎的原因——说话不知道适可而止。

我打断了他的话，说道："詹姆斯先生，我知道为什么你的朋友不欢迎你了。"詹姆斯满脸兴奋，大声地说："太好了，你赶紧帮帮我吧！"

考虑到他的自尊，我委婉地告诉他："明天你来上培训课吧，看看其他学员是怎么做的，你就知道了。"

詹姆斯看起来很着急，说："能不能现在就告诉我，我实在太想知道了。"

我笑了笑，劝他说："别着急，晚知道一天半天也没什么关系。"

我已经把话说到了这个份儿上，詹姆斯也不好意思再问。他略带遗憾地说："唉，那好吧！要等到明天才能知道答案。"

第二天，詹姆斯来参加培训课。我让学员们这堂课互相学着赞美对方。詹姆斯看我没有提到他的事，有点着急。我微笑着示意让他坐好，他只好耐着性子在那儿看其他学员们练习。终于，下课的时间到了，有些学员起身和我告别，有些学员依然待在教室里没有离去。有个女学员走到我跟前，来询问一些问题。我认真倾听并给予解答。当时，我把她当成教室里最重要的人。那位女学员离开后，又有几位学员过来向我请教问题，我也逐一做了简明扼要的回答。

看到这儿，詹姆斯实在忍不住了，他过来对我说："您现在能告诉我答案了吗？"

我对他说："你的谈话很有魅力，也很容易赢得他人的喜欢。"

詹姆斯听了这样的夸奖，很是开心。我继续赞扬他："你充分运用了热情和勇气的原理，还非常具有绅士风度，许多人都被你吸引。"

詹姆斯被我说得有些糊涂了，他连忙问："那我的问题出在哪儿呢？"

我缓慢地说："难道，你刚才没有注意到那些学员是怎么跟我告别的吗？"

他说："我没有留意。"

"这正是你的问题所在。你从来不观察别人是如何告别的，你不懂告别的艺术。"我说。

詹姆斯沉思了片刻，反问道："难道这就是我的问题？"我把告别的艺术详细地说给他听。詹姆斯很虚心、很认真地聆听，并认识到了自己的问题所在。后来，他改善了这个问题，懂得了适可而止，成了一位受人欢迎的社交家。

在人际交往中，掌握告别的技巧是非常重要的。和朋友谈话，一定要注意把握时间。拜访普通朋友，时间不宜超过半小时，如果有重要的事，那就该约个时间进行一次长谈。拜访老朋友，如果对方有空，可以多待一会儿，但也不要把一件事来来回回地说。那样的话会让人觉得很无聊。就算是挚友，也该控制好交谈的时间，要多替对方想想，别影响他的工作和生活。

此外，我还想告诉女士们一个诀窍：在谈兴正浓的时候告别，令人意犹未尽，会给对方留下深刻的印象。不信的话，你们可以试试，看看会怎样。

Chapter 3
快速拉近距离的沟通法则

要对他人表示你的关心,而且你这种关心必须是真诚的。这不仅使得付出关心的人会得到相应的回报,而且得到这种关心的人同样也会有所收获。

——戴尔·卡耐基

想结交朋友，就要付出热诚

多年前，我在布鲁克林文理研究所创办了一个文学写作培训班，想请一些知名的作家过来做客，谈谈他们的成功历程。我知道，像凯瑟琳·诺莉丝、芬妮·赫斯特、艾达·塔贝尔、艾伯特·佩尔逊·特休恩以及罗伯特·休斯那样的作家，平日里都很忙。所以，为了表示诚意，我分别给他们写了信，表达了自己对他们的崇拜和敬仰，并坦言很想知道他们是如何成功的，希望他们能够给出一些可贵的建议。

每一封信上我都让150位学员签上了自己的姓名，还附加了留言说：我们知道您很忙，可能无法为我们作演讲。所以随信附上了一张问题表，列上了一些想要询问的事宜，您若能简要回答一下，我们将感激不尽。没想到，这些作家，对我们的邀请非常感兴趣，他们纷纷抽出时间来到布鲁克林，给我们提供帮助。后来，运用同样的办法，我们还邀请到了许多显赫的名人为学生进行演讲，比如西奥多·罗斯福内阁的财政部长莱斯利·肖，塔夫脱总统的司法部长乔治·维克山姆以及富兰克林·罗斯福等。

说这件事的目的，我是想告诉各位女士：谁都喜欢钦佩自己的人。不管他是工人、办公室职员，还是一国之君。

就拿德国的恺撒皇帝来说吧！在第一次世界大战结束的时候，他的人民和国家都抛弃了他。为了能活命，恺撒后来逃到了荷兰。在众多的谩骂与愤怒声中，有个小男孩却给恺撒写了一封特别的信。他说，不管别人怎么想，他永远会爱戴恺撒皇帝。这让他备受感动。他召见了这个小男孩。男孩的母亲陪着孩子一起来了。最后，恺撒皇帝娶了小男孩的母亲。

如果我们想和一个人做朋友，就得心甘情愿为他破例，愿意为他付出自己的时间和精力。这些年来，我留心记着每个朋友的生日。我会直接询问他们的生日是什么时候。如果他说11月24日，我就会对自己说："11月24日，11月24日。"趁他不注意的时候，我会悄悄地把他的名字和生日记到一张纸上，然后再添加到"生日薄"。之后的每一年，我都会把这些生日标在日历本上，随时提醒自己哪天是谁的生日。到了对方生日那天，我或是给他发个电报，或是给他写一封信。那些收到我祝福的朋友，我能够想象得出，一定既意外又开心。

想结交朋友，就要用热情和真诚打动对方。如果有人给你打电话，你要用愉快的声音和他打招呼说"你好"，让他知道你很乐意接到他的电话。很多公司在对接线员进行培训时，都会要求他们在应答电话时保持真诚、亲切的语气，让对方感受到自己很受重视。

真诚地关心他人，不仅能换来友谊，还能促进事业上的成功。

查理斯·沃尔特斯在纽约市一家大银行上班。有一次，他接到了一项棘手的任务，要为某公司准备一份机密文件。他知道，急需的这些资料唯有在一家大型实业公司的董事长那里能找到。

沃尔特斯先生去拜访这位董事长时，看到一位年轻的女秘书从办公室门外伸进头来，对董事长说了一句："不好意思，今天没有什么邮票可以给您。"董事长对沃尔特斯先生解释说："我12岁的儿子正在集邮。"

沃尔特斯把自己此行的目的告诉对方，但那位董事长看起来似乎不太想说话，对沃尔特斯说的那些事也没什么兴趣。最后沃尔特斯只好匆匆结束了谈话。

后来，沃尔特斯在提及这件事时告诉我："当时，我真的不知道该怎么办了。直到我无意间想到了邮票和他12岁大的儿子……我突然间有了主意——我们银行的外事部有很多从世界各地的信件中取下的邮票。

"第二天下午，我又去拜访那位董事长，还请人转告他，我有一些邮票想要送给他的儿子。结果，他对我的态度果然发生了变化。我想，就算他要去竞选国会议员，都不一定会那么热情地与人握手。之前那张没有表情的脸上露出了亲切的微笑，他一边抚弄那些邮票一边对我说：'乔治肯定会喜欢这张的……看看这张，真是难得啊！'

"我们用了半个小时的工夫谈论邮票，还看了他儿子的照片。接下来的一个小时，他开始跟我谈论那些我需要的信息了。我发誓，当时我根本没有开口提过任何请求，可他却把知道的东西一丝不漏地告诉我，还叫来下属仔细询问。不只这些，他还打电话给几位有业务往来的客户，把所有的事实、数字、报告和书信都给了我！"

古罗马著名的诗人西拉斯曾经说过一句话:"我们对别人产生兴趣的时候,恰好是别人对我们产生兴趣的时候。"各位女士,如果你想让别人愿意跟你交谈,快速地拉近与他人之间的关系,就要记住这项沟通法则——多关心别人,拿出你的诚意来。

称赞别人那些微小的进步

我认识巴洛很多年了,他把一生的精力都放在了马戏团上。他对小狗的性情非常熟悉,而看巴洛训练新狗是一件很有意思的事。在观看中,我留意到一个细节,只要小狗完成动作时稍微有点儿进步,巴洛就会拍拍它、夸奖它,然后奖励它一些肉。

其实,这也算不上什么新鲜的事。几世纪以来,训练动物的人基本上都在用这个办法。我想说的是:在人际交往中,我们为什么不效仿一下这样的做法呢?用称赞来替代责备,哪怕对方只有微小的进步,我们同样也可以表扬他,鼓励他。

几十年前,有个小男孩在那不勒斯的工厂里打工,他希望自己可以成为一名歌唱家,可惜他的第一位老师无情地打击了他:"你的声音太难听了,没有人会喜欢听你唱歌。"小男孩的母亲是一位贫苦的农家妇女,他经常搂着小男孩夸奖他,说他的歌声非常好听,他比以前又进步了许多。

善良的母亲每天都光着脚出去做工,她想省下一些钱给儿子交音乐班的学费。母亲的鼓励和赞美给小男孩带来了莫大的鼓舞。他的人生也因此发生了巨大的改变。多年后，他成了家喻户晓的歌王。他的名字叫恩里科。

1922年，加利福尼亚有个年轻人。周末，他总是去教会的唱诗班卖唱；有时，他也会在别人的婚礼上替人家唱歌，拿5块钱的报酬。他的日子过得很艰难，没有条件在城里租房子，只得在乡下的一座葡萄园里找一间破旧的屋子，每月租金12.5元。房租虽然不多，可对他而言还是难以承受。他拖欠了房东10个月的租金。怎么偿还呢？无奈之下，他开始替房东摘葡萄。

他亲口告诉我，那段日子他实在没办法了，连吃饭的钱都没有，饿了就靠葡萄来填饱肚子。在那种情况下，他想过放弃唱歌的梦想，去推销载重汽车来维持生计。可就在这时，他的朋友却对他说："你的嗓音很有特点，有发展的可能，你应该去纽约学唱歌。"

正是朋友的这一句称赞让他坚持了下去。他向朋友借了2500元，然后到东部去学唱歌。后来，他一举成名。他的名字，或许你也听说过——铁贝得。

多年前，伦敦有个年轻人，一心想成为作家。可是，生活似乎成心与他过不去——他只上过四年的学。父亲因为欠了赌债而坐牢，窘迫的生活让他年纪轻轻就吃尽了苦头，经常挨饿。

后来，他找了一份工作，在一间净是老鼠的仓库里粘贴墨水瓶上的签条。晚上，他住在楼顶一间小黑屋子里，与另外两个来自伦敦的穷苦孩子做伴。当时，他对写作没什么信心。他写完第一篇稿子时，因为害怕被人嘲笑，只好趁着夜里人少的时候，悄悄地将稿子投进邮箱。他不断地写稿、投稿，可是他所寄出的那些稿子，都被退了回来。终于有一天,他的一篇稿子被录用了,录用他那篇稿子的编辑称赞了他的作品。他走在大街上,流下了喜悦和激动的眼泪,虽然他没有拿到任何稿酬。

得到了别人的承认和赞赏,他自信多了,于是继续坚持写下去。结果,写作真的改变了他的一生。他后来成了英国的大文学家,他的名字也享誉世界——狄更斯。如果没有那句称赞,他可能一辈子都要在满是老鼠的货仓里工作。

女士们,相信你们已经从这些人的故事中领悟到了一些东西。是的,当我们称赞别人的时候,就等于在提醒对方他所拥有的潜能。这不仅可以改变对方的意志,甚至还可能改写他们的命运。

已故的哈佛大学名教授、美国最负声誉的心理学家兼哲学家威廉·贾姆士曾说:"和我们应当成就的事业相比,我们不过是半醒着的。现在所利用到的身心资源只是一小部分。换句话说,每一个人的能力远在他自己认为的极限之外,只是他们不太懂得怎么利用而已。"

的确,每个人都具有各种潜在的能力,只是不太懂得利用。称赞别人、激发别人,也是潜在的能力之一。当你细心发现别人微小的进步,并且在第一时间告诉他们,你会给对方带来莫大的鼓舞和自信,同时也会让对方在瞬间感受到你的真诚与友好。对于每一位渴望在人际交往中成为别人良师益友的女士而言,都应当把这项法则牢记于心。

由衷地说出你对他人的欣赏

在人类行为中,有一条非常重要的法则。如果我们遵从这个规律,就可以甩掉麻烦;如果违背它,就可能四处碰壁。这个法则就是,真诚地认可别人,欣赏别人。威廉·詹姆士曾经说过:"人类本性中最深的渴望就是被别人欣赏。"

纽约三十三大街与第八大道的交汇处有一家邮局,那里经常有很多人排队寄信。我发现,邮局里有个职员似乎并不是很喜欢他的工作。因为他多少年如一日都在重复着同样的动作:称信封重量,盖邮戳,找零钱,开收据,如此单调乏味的事情,的确令人厌烦。

我当时想:"我要想办法让这个邮局职员喜欢我。要想实现这个目的,拉近我们的关系,就要多说他喜欢听的话,而不是我喜欢的。"我问自己:"他哪些地方值得我羡慕和赞赏呢?"对于很多人来说,要发现一个陌生人的优势,不是一件容易的事。可面对眼前的情形,我找到了答案。他给我的信封称重量的时候,我激动地说:"你的头发很漂亮,我真羡慕啊!"

他抬起头看着我，似乎很惊讶，但脸上随即也浮现出微笑。他说："其实，我以前的头发比现在更好。"我十分肯定地告诉他，虽然它可能没有从前那么漂亮，可它现在依然很好。他高兴坏了，说道："是啊，很多人都羡慕我的头发。"

我想，那位邮局职员吃午饭的时候，心里一定乐开了花。下班回家后，他一定会对他的爱人说起这件事，还可能会不停地照镜子，对自己说："我的头发真的很不错啊！"

在一次公开课上，我把这件事作为案例讲给学员听。有一个学员问我："卡耐基先生，您说他的头发漂亮，是有什么目的吗？"我有什么目的？如果我们事事都这么功利的话，那做人多累啊！我们的灵魂若那么狭隘，又怎能体会到幸福？

如果说，我真的有什么想法，或者说要想从那位职员身上得到些什么，那我想要的东西绝非是金钱。我欣赏他，赞美他，让他感受到了美好和愉快，这种能让别人高兴的能力和品行令我自己骄傲。

女士们，如果你想要得到别人的认可，想证明自己的价值，想要在你的生活圈子里找到自己的存在感，得到周围人真诚的欣赏。那么，你要做的就是：先把这些体验带给他们，满足他们内心的渴求。也许你会问，该在什么时候、什么地点给予别人想要的东西呢？答案很简单：任何时间、任何地点。要是你能做到的话，你的生活就会不一样。

一次，我去无线电商厦拜访舒维尔先生。我不知道他的办公室具体在哪儿，于是询问一位导路员。他清楚地告诉我："舒维尔，18层，1816号房间。"我走到电梯边，很快又转了回来，对那位导路员说："我真心地感谢你。你的回答既清楚又准确，像是一位艺术家在讲话。"他听了我的赞美，精神焕发。我只说了简单的几句话，就能让他这么高兴，还把头高高地抬起。我觉得，那天下午的我非常高尚，至少我也为别人的幸福和快乐做了一点事。

不知道各位女士有没有读过凯恩的小说《基督教徒，法官，英国曼岛人》。凯恩的父亲是个铁匠，他只读过八年学，可他离开这个世界时，却留下了250万美元的财产。他是有史以来最富有的作家。英国曼岛的格里巴堡是凯恩的故乡，如今那里已经成为著名的旅游胜地。

那么，他是怎样成功的呢？我想，很多人都渴望知道答案。

凯恩喜欢诗，他读过大诗人罗斯迪所有的诗。他还写了一篇演讲词，赞美罗斯迪在诗歌方面的高深造诣和艺术成就，并把它送给了罗斯迪本人。罗斯迪很高兴，他说："一个年轻人能够对我的作品有如此高深的见解，他肯定拥有大智慧。"于是，罗斯迪邀请凯恩到自己家中做客，还让他担任自己的秘书。凭借着这个新身份，凯恩接触到了许多有名的文人，从他们那里学到了不少东西。受到他们的鼓励和激发，凯恩开始尝试写作，最后终于成为了著名的作家。

如果当初他没有写那篇欣赏和赞美罗斯迪的演讲词，可能至今他还过着贫困的日子。他懂得欣赏的艺术，对罗斯迪说出了自己的欣赏之意，博得了对方的好感，也给自己创造了机会。

会倾听的女人最善解人意

各位女士，我不知道你们是否注意到了，倾听别人讲话其实就是一种恭维。任何人都有表达的欲望。如果你能成为一个合格的倾听者，人们会情不自禁地喜欢上你的。世上有很多名人，都是不错的倾听者。

在一家报社做记者的马克先生，曾经采访过许多知名人士。每次采访完这些名人之后，他都能与之成为朋友。若问马克先生有什么秘诀，很简单，就是认真地听他们讲话。马克先生说："现在，很多人之所以不能给人留下好印象，就是因为他们不懂得倾听。一些名人曾经告诉我，他们不太喜欢滔滔不绝的人。可生活中偏偏就是有些人，不明白这个道理，总是拼命地想表达自己，而不给他人讲话的机会。让他们听别人讲话，简直是太难了。"

《读者文摘》中这样写道："许多人找医生并非是为了看病，而是想找到一个倾听者。"不管是大人物还是普通人，都需要他人的倾听。聆听有时候远远比说话重要。

在一次晚宴上，我遇到了一位植物学家。在此之前，我并没有跟植物学家有过什么接触，所以对他很感兴趣。我坐在他旁边，认真地听他讲大麻、花园，还有怎样种马铃薯。我对他说我家里也有一个小花园，还问了他一些问题，他都热情地给我讲解。

我们大概聊了有三个小时，直到晚宴快结束了，那位植物学家依然觉得没聊尽兴。和主人告别的时候，他一直恭维我，说我很健谈。我真没想到他会这样说，因为在宴会上我几乎没怎么开口说话，而且我对植物学根本不了解。但我做好了一件事，那就是安静地听他讲话。

杰克乌弗在其著作《陌生人在爱中》讲述了这样一个故事：

迪特毛料公司在清理债务时，通知一位顾客说他拖欠了15美元的贷款，要求他予以归还。这位顾客没有找到相关的账单，于是愤怒地跑到该公司的经理办公室，说他们弄错了，自己根本不欠任何贷款，还说日后绝对不会再买该公司的任何产品。

接待他的人是迪特先生。他耐心地听这位顾客讲了一遍，还真诚地感谢他专程跑到芝加哥为公司提意见，并承认有可能是公司搞错了。接着，他又热心地向这位顾客推荐了很多其他毛料公司的产品，细心地为他做参谋。最后，还邀请这位顾客一起吃饭。

看到迪特先生一系列真诚的举动，顾客心中的怒气消除了，他完全忘了那15美元的账单纠纷，又跟该公司签了一大笔订单。回去之后，他又仔细检查了一下自己的账单，发现确实是自己的错。他连忙补了一张15美元的支票，还写上了一段道歉的话。

迪特先生什么也没解释，只是耐心倾听，哪怕顾客发誓不再购买他们的产品，他依然表示出尊重和理解。这份真诚打动了顾客，也改变了对方的态度和行为。可见，倾听比说服更有威力。

倾听是一门艺术，它不只是简单的听与不听，倾听者对于交谈所投入的精力，并不比说话者少。当别人滔滔不绝地讲话时，你要认真倾听，还要不时做出积极的反应，表现出你的喜欢和尊重。

各位女士可能会问："如何才能成为一个好听众呢？"其实，这也正是下面我想说的。关于倾听，我有这样几方面的建议：

1. 全神贯注地倾听别人讲话。

当别人跟我们讲话时，我们要注视着对方的眼睛，停下手里的一切事情。不然的话，对方会觉得你根本不乐意听，也不尊重他。这个倾听原则，适用于任何一种沟通，哪怕说话者的地位比你低，年龄比你小。

2. 适当的时候给予回应。

沟通交流时，如果你从头到尾一句话都不说，会让人觉得很死板，气氛也不融洽。适当的时候，你要回应一下对方，哪怕只是简单的"是"、"结果呢"、"怎么样"等。如此一来，对方就知道你在认真听他讲话，他会更愿意说下去。

若是没有听清楚，不妨问一下，不要以为这样对方会不高兴，其实这恰恰表明你很关心他的话题。当然，在提问的时候，千万不要乘机抢过对方的话题，自己滔滔不绝地说，这样会引起对方的反感。除非，对方的话已经讲完，你才能接过话茬。

3. 不要轻易打断对方的话。

听别人讲话时，就算对方有地方说得不对，也不要立刻打断他的话，纠正他的错误，更不要露出轻蔑的神情，这样的话，很容易伤害到对方的自尊心。哪怕你不喜欢他所谈论的话题，也不能直接打断。适当的时候，巧妙地引出另外一个你们彼此都喜欢的话题，这样做会显得更得体。

掌握了这些要领，你才能成为一个出色的倾听者。当你学会了认真倾听，并能够在人际交往中做到这些，对方会觉得你很亲切、善解人意，这对于每一位想要给他留下好印象的女士而言，都是必不可少的沟通技巧。

站在对方的位置思考问题

欧文曾经说过:"一个能站在别人立场,了解他人意念所在的人,不必考虑将来,前途必然是可观的。"

一次,我跟纽约一家大酒店签订合同,要租用他们的大厅开办一系列的讲座,每个季度租用20天。然而,有一天,我突然接到了通知,那里的租金变成了原来的三倍。坦白说,当时我已经把所有的入场券都印好了,也发布了通知。我不想支付这笔增加的租金,可就算我把这些都告诉酒店,又能如何呢?他们关心的只是自己想要的东西。

几天之后,我去拜访了他们的经理。我不紧不慢地说:"接到你们的通知,我真的有点意外。可我不怪你们。站在你们的立场上,或许我也会写出类似的信。你是酒店的经理,想办法为酒店增加收入是你的职责,如果不这样做的话,你可能会被解雇。不过,现在我想把你坚持增加租金的好处和坏处都写下来,然后对比一下再权衡利弊得失。"

我拿出一张纸，在它分成"利"和"弊"两栏。我在"利"的那边写下舞厅费用，告诉他，如果他把舞厅租给其他人的话，他可能会拿到比办讲座更多的租金。

接着，我又给跟他讲了几方面的弊端：第一，我必须另外找个地方开办讲座，这样的话，你会减少收入。还有一个坏处，参加讲座的人，全是那些接受过良好教育、层次很高的人。事实上，就算你们花上5000美金来做广告，也不一定能吸引他们过来。对于一家酒店来说，这算不算一件很有利的事呢？"我一边说，一边写下这两个"坏处"，把纸递给酒店的经理，让他再考虑一下。

第二天，酒店告诉我，他们决定只上调一半的租金。请注意，各位女士：得到这个结果之前，我从来没对酒店提过我想要什么，而是一直谈论他们想要的，以及他们如何才能得到。如果我气冲冲地跑到经理办公室，对他吼道："你们到底想怎样？我的入场券都印好了，公告也发出去了，现在你们告诉我要增加三倍的租金，这太过分了！我绝对不会付钱！"可以想象，接下来肯定是一番争执。到最后，就算酒店意识到自己错了，但为了维护自尊心，他们也不会让步。

亨利·福特曾经说过一句经典名言："如果成功有什么秘诀的话，那就是首先要了解对方的需求，从他们的角度来思考问题。"这句话说得容易做到难，因为绝大多数人在绝大多数的时候，还是会忽略掉这一点。

下面这封信是一家广告公司的电台部主管写的。他将此信发给了全美各地的电台经理。

亲爱的布兰克先生：

本公司希望能够一直在全美电台广告业务领域保持领先地位。

我们部门的广告客户大部分是电台,我们每年的收入在广告行业中的排名都靠前,我们希望能够提供有关电台的最新消息给我们的客户。所以,你可以将本公司列为你们电台每周资讯的优先选择。迅速回信,并告知你们最近在忙的事情,这将对彼此有益。

所附《布兰克维尔日报》副本,对你们有参考价值,也许值得在你们电台广播。

多数人在读到这段文字时,都会觉得气愤和反感。谁会关心你们的希望?我们只关心自己的事。你们公司规模大,业绩好,可那又如何呢?就算你们的地盘和通用电气、通用汽车、美国陆军司令部那么大,关我们什么事?你滔滔不绝地说你们公司如此之大,就是为了让我们感觉到自己的公司渺小吗?你要求我们将你们公司列为优先选择对象,却连一个"请"字都不愿意说?你说这件事对"彼此有益",看来你也意识到我想要什么了。可是,怎样才能真正对我有益,你却又没有说清楚。在信的最后,你终于提到了一个或许能够帮上我的建议。但你为什么不在一开始就说出来呢?

爱德华·沃麦伦是一家大型货运公司的主管,他曾经来听过我的讲座。之前,他也给客户们写过一封类似的信,可效果怎么样呢?别急,我们先看看再说。

尊敬的先生:

由于多数的物资傍晚才送达,使得我们外发货物接收站的工作受到了延误。这样的情况直接导致接收站交通堵塞,员工加班,甚至耽误了发车时间。11月10日,我们接收站收到贵公司510件货物,这些货物到达的时候,已经是下午4点20分了。

我们希望,通过与贵公司的合作,一起克服这些因为货物延迟到达所带来的不良后果。我能否请求贵公司,以后在发送货物时尽可能让货车早点抵达,或者是尽可能先送来一部分货物。这样的安排,可以让你们的卡车发车更加迅速,以便让贵公司的货物在要求的日期准时送达目的地。

读完这一封信,公司的销售经理在信后写了评语,并转交给了我。同样,这封信也没能发挥出发信者预想的效用,甚至还起到了相反的作用。虽然这封信的开头传述了接收站的困难,可这依然不是我们最感兴趣的地方。之后,他们要求我们配合,却没想过这个要求是不是会给我们带来不便。最后,他们提到,如果我们配合的话,我们能够得到的好处。换句话说,我们最感兴趣的东西,被放到了最后,这并不是合作的态度,听起来更像是在谴责。

能不能换种方式来说呢?就像亨利·福特说得那样:"我们应该了解别人的观点,从他们的角度来思考问题。"下面是修改之后的信件,也许算不上最好,可读起来的感觉却大不一样。

亲爱的先生:

14年来,贵公司一直是我们的最佳客户之一。非常感谢贵公司长期以来的信任,希望可以给你们提供更好的服务。可遗憾的是,我们现在无法向贵公司提供这样的服务了。因为,我方接收站总要在傍晚才能收到贵方火车送来的货物,就像11月10日那天的情形。

同样是合作关系的许多公司,也是临近黄昏时才将货物送抵,这就让接收站变得拥堵。贵公司的货车,显然也会在码头受阻,甚至影响贵公司的发车时间。这样的情况不太好,但却可以避免。如果贵公司能够在早上把货物送来,贵方的货车就可以及时返回,货物也能够立即发出。我方的员工晚上也能早点下班,回家好好品尝贵公司提供的意大利通心粉和面条。

当然,不管贵公司的货物什么时候送达,我们都会尽最大努力为贵公司提供及时的服务。若忙,不必回信。

女士们,如果你看到修改后的这封信,你会作何感想?同样的事情,换了一种说法,站在对方的立场考虑问题,带给人的感受就完全不同。我想,换作是你,你也会很乐意配合对方,让货车早点到达接收站,因为对方已经明确告诉了你,这样做的好处。更何况,对方礼貌的态度,也让人很受用。

如果你乐意听到这样的话,看到这样的信,那就恳请你在生活中也这样对待他人。遇到问题时,多站在对方的角度想想,告诉他你的想法能给他带来哪些好处。当对方觉得你很友善,很诚恳,他就会愿意答应你的要求,和你保持良好的关系。

多谈谈别人，少说你自己

被誉为"柯达之父"的乔治·伊士曼，曾经发明了透明底片，为电影的问世做出了巨大贡献。他累积了几十亿的资产，是世界上最有名的商人之一。然而，像他这么成功的一个人，也和成千上万的普通人一样，渴望得到他人的认同。

当年，伊士曼要修建伊士曼音乐学校和罗切斯特的奇尔本剧院。谁都知道，学校和剧院需要大量的座椅。经营高级座椅公司的商人艾德森得知这个消息后，自然不愿错过这笔订单。他联系上了伊士曼的建筑师，并约好时间到伊士曼的办公室商谈。

建筑师告诉他："我知道，你很想拿到这笔订单。不过他很忙，你只能跟伊士曼先生谈五分钟。他的时间观念很强，所以你最好言简意赅。"

艾德森走进伊士曼的办公室时，看见对方正忙着审批文件。伊士曼发现有人来了，缓缓地抬起头，取下眼镜，和艾德森打了招呼，询问他的来意。艾德森没有提座椅的事，他说："伊士曼先生，你的办公室看起来很不错。我做室内装修很久了,还没有见过比这更漂亮的办公室。"

伊士曼说:"嗯,这间办公室确实很好。刚装修完的时候,我非常喜欢它。可现在,我每天走进这里,脑子里都是一团糟,有时一个礼拜都不想看它一眼。"艾德森走到办公桌前,把手轻轻地放在桌上,说道:"这是英国橡木的,对吗?它跟意大利产的橡木在纹路上有点不一样。"伊士曼答道:"没错,是英国进口的橡木。我有一个专门从事精细木饰的朋友,是他帮我挑选的这张桌子。"接着,伊士曼带艾德森在房间里参观,聊着房间的大小比例和色彩搭配,还有手工艺装饰等话题。艾德森不停地赞美这间办公室。

他们走到一扇窗前,伊士曼告诉艾德森:"最近,我正在极力募集资金,打算修几所慈善机构。"艾德森听后,称赞了伊士曼为慈善事业所做的贡献。而后,伊士曼又从一个玻璃盒子里拿出一个相机,说是他平生拥有的第一台相机,是从一位英国人那里买到的。

艾德森问起伊士曼早年打拼的经历,伊士曼感慨万千。他说起了自己艰辛而贫苦的童年;说起了父亲过世后,他和母亲相依为命;说起他为了养家到保险公司做文员;还说他从那时候起,就下定决心要赚很多的钱,让妈妈过上好日子。

伊士曼的经历深深地吸引了艾德森。时间一小时一小时地过去,他们依然在谈论着各种各样的事。伊士曼说:"上次我在日本买了几把椅子,放在向阳的门廊上,结果都褪色了。后来,我去城里买了涂料,又重新刷了一遍漆。你想去看看吗?到我家吃顿饭,顺便再看看我的椅子。"

吃完饭后,艾德森欣赏了伊士曼从日本买来的椅子。坦白说,它们算不上多昂贵，可身家亿万的伊士曼像孩子一样得意，因为他亲手漆过这几把椅子。从那时候开始，一直到伊士曼去世，他跟艾德森都是非常要好的朋友。至于伊士曼建设场馆的座椅之事，艾德森显然是他的首选合作者。要知道，那些椅子的总价高达九万美元。

克劳德·马莱在法国里昂经营着一家餐厅，他也用同样的办法挽留住了一名主力员工。这位女员工在餐厅工作了五年，当她把辞职信交给克劳德的时候，克劳德确实吓了一跳。他说，自己当时真的很意外，还有点失望。他自认为，平日里对那位女员工不错，如果她没有足够的理由，他真的不希望她离开。

为了留住她，马莱把她叫到一旁，说："很抱歉，博莱特，我不能接受你的辞职。对于我和这家餐厅来说，你太重要了。可以说，若没有你，就没有这家餐厅今天的成就。"马莱当着很多员工的面，反反复复地说着这些话，然后还邀请这位女员工到自己家里吃饭，说他多么信任她，他的家人多么相信她。

最后，博莱特收回了辞职信。现在，马莱比从前更信任她，还经常在员工面前表扬她，说她对餐厅有多么重要。

曾经统治过大英帝国的狄斯雷利说过："多谈别人，而不是你自己，他们会愿意听你说上好几个小时的！"不管与谁沟通，谈论何事，我都希望女士们能够谨记这一法则，多谈论别人，少说自己，让别人感受到他们被尊重、被在意、被需要。这样的话，他们的内心会非常感激你，也会愿意和你成为朋友。

让对方表现得比你更出色

罗伊·布拉德是加利福尼亚州一家小型地产公司的老板。他遇到一位非常适合做销售代表的求职者，但对方对公司的规模和待遇问题似乎不太满意。他只做了一件事，就让对方回心转意。

提起这件事时，罗伊说："我们这家地产公司规模不大，没有医疗保险、住院补贴、养老金等福利待遇，每个销售代表都是一个独立的代理商，我们无法给客户提供欠条。理查德·普莱尔是个不错的人选，他的经验和能力足以胜任这份工作。我的助理在和他交谈时，把所有的不利因素全盘告诉了他，所以，他走进我的办公室时，看起来有点沮丧。不过，我告诉他进入公司也不是没有益处，我们是独立承包商。换句话说，他其实也是一个老板。

"接下来，他开始谈论自己各方面的优势。在理查德面前，我扮演着好听众的角色，让他有机会说出自己的心声，让他有充分的时间进行权衡。最后，他完全摒弃了一开始的那些不利想法，愿意对自己提出一次挑战。最后，他来到我们公司，成了一名出色的销售代表。"

通过这件事，我想向女士们传达一下我的观点：就算是我们的朋友，他们也不愿意听我们大谈特谈自己的过去，而是更愿意谈自己的成就。因为，当朋友表现得比我们出色时，他会获得一种自重感；当我们的表现比对方出色，他们就会产生一种自卑感，甚至会心生嫉妒。

亨利·耶塔女士在纽约市中心人事局工作，她现在是最受大家欢迎的一位工作顾问了。然而，过去的情况可不是这样的。刚到人事局的那几个月，亨利·耶塔女士在同事中的人缘特别差，没有人愿意跟她做朋友。因为她每天都在吹嘘自己的工作多么出色，炫耀自己在银行里又开了新的账户。她以为自己做得很好，却没想到同事们根本不愿意听，还对她心存怨恨。

在培训班上，亨利·耶塔女士对我说："我很想跟他们成为朋友。上了辅导课之后，我学会了一些技巧，尽量少谈论自己的事，多听他们说话。我发现，他们其实也有很多优点。现在，我和他们一起闲聊时，几乎不谈自己，把时间全部留给他们，让他们说些自己感到高兴的事。就这样，我比以前受欢迎多了。"

近期，《纽约时报》的金融版上刊登了一则醒目的广告，他们要招聘一名有特殊能力和经验的人员。查理斯·卡布利斯很想尝试这个职位，他给对方寄去了一份自己的资料。几天之后，对方邀请他去面试。

面试之前，卡布利斯用了几个小时的时间，查阅了该公司老板的各种信息。面试过程中，他是这样说的："如果有机会成为这家有着不凡经历的公司的员工，我会感到很荣幸。28年前，您刚刚创立这家公司的时候，只有一张办公桌和一名速记员，对吗？"

几乎每个成功的人都以自己早年的奋斗史为傲,那位老板也不例外。他开始跟卡布利斯讲,他如何依靠450美金开始创业;讲述他是怎样消除分歧,怎样回应那些讥笑他的人;还谈到了他曾经有一年的时间,每天要工作12到16个小时,周末和假期也不休息……

看得出来,他很为自己过去的那些表现自豪,当然,他也有资格自豪。在讲述这些过往的时候,他很愉快。最后,这位老板简单地问了问卡布利斯先生的工作经验,然后就录用了他。

法国哲学家罗西法古说:"如果你想要仇人,就表现得比你的朋友优越吧;如果你想要朋友,就要让你的朋友表现得比你优越。"在人际交往中,我们对于自己取得的成就要轻描淡写,要谦虚,这样的话才会永远受欢迎。

一定要顾全他人的面子

爱默生曾说:"缘于自己的优越感,我们经常无情地伤害别人的面子,刺痛别人的自尊心,抹杀别人的感情。扪心自问:这种心理是多么浅薄,心胸是多么狭隘!"

顾全一个人的面子这件事不容小觑,可惜,生活中有不少女士却忽略了这一点。她们总是批评别人,挑剔别人的错误,完全不顾及对方的感受。有时,她们还会在人前批评自己的孩子或是雇员。真的有必要这么做吗?只要多花一点功夫思考一下,说两句体贴关心的话,理解对方的难处,就完全可以避免很多不必要的矛盾和不愉快。

曾经,会计师格雷琪给我写过一封信,讲述了他在解聘雇员时运用的技巧。女士们,以后如果你要辞退佣人或是雇员时,不妨这样做:

"辞退雇员,对于雇佣者和被辞退的人来说,都谈不上有趣。我负责的业务都是季节性的,每年三月份,我都必须辞退一批雇员。

对于这件事，我们这个行业里有个约定俗成的习惯，那就是越快解决越好。

"过去，我总是这样对他们说：'不好意思，现在季节已过，我们这里没有额外的工作给你做了。我想，你当初来的时候也该知道，我们只是急需人手的时候，才会增加人员。'听我这样说，他们都很沮丧，感觉自己就这样被直接辞退，很是尴尬。他们中的多数人，都是终生从事会计工作的，对于如此草率就辞退他们的单位，显然有怨言。

"我也意识到了这一点，便改变了自己的措辞。最近，我在辞退那些额外的雇员时，会事先看看他们在这一季度中的工作成绩。交谈的过程中，我会这样说：'某某先生，你这一季的表现真的很好。上次，我让你处理的那件棘手的事，你办得非常漂亮，能够雇佣到你这样的人才，是我们的荣幸。你很能干，很有前途，不管到什么地方都会有人欢迎你的。公司相信你，也很感谢你，有空的时候要经常过来玩。'

"只是稍微变了变措辞，可结果却大不相同。听到这样的话，那些被辞退的雇员，不会感到尴尬，也不会觉得受了委屈。他们知道，若是以后如果这里有工作机会，还会雇佣他们过来。所以当我们第二季度又请他们过来时，他们很爽快地就答应了。"

多年前，美国奇异电气公司遇到了一桩麻烦事。斯坦米兹在电学方面，是一个难得的人才，可他现在却担任着会计部部长的职位。他的特长发挥不出来，公司很想撤去他现在的职位。然而，公司不敢轻易得罪斯坦米兹，毕竟他是电学方面的奇才，为人又很敏感。

到底该怎么做才妥当呢？公司想到了一个办法：给斯坦米兹一

个新头衔，让他担任奇异公司的顾问工程师，然后派其他人担任会计部长的职位。斯坦米兹很开心，奇异公司的主管也很满意。回顾整件事，能够做得如此出色，还在于公司顾全了斯坦米兹的面子。

已故的马洛先生是个很有协调才能的人，纵然是两个水火不容的仇家，他也有办法让他们和解。他的秘诀就是，认真地找到双方都有理的事实，然后不断地赞美，直到双方都觉得满意。有意思的是，不管最后怎么解决，他都不会说任何一方有错。由此可见，这位优秀的仲裁者，从一开始就知道如何保全别人的面子。

女士们，如果你希望自己在任何时候、处理任何问题时都能博得他人的好感，那么请你也记住这条说话做事的重要法则——给他人留面子。这样做，不仅顾全了他人的自尊心，也为自己赢得了好形象。

让对方感觉到他很重要

女士们,在与他人谈话时,你有没有发现:几乎每个人都在寻找自己的存在感。当你说的话能够让他们感受到自己的重要性时,他们会非常高兴,并愿意继续跟你交往下去。可以说,这是人类的天性。历史上的许多名人,都曾用自己独特的方式来寻找这种重要感。

哥伦布喜欢别人称呼他为"海洋的司令"或是"印度的副王",乔治·华盛顿喜欢被人称为"伟大的总统"。当雨果听说巴黎的部分街区重新用他的名字命名后,激动不已。就连莎士比亚这样的人物,也绞尽脑汁想为自己的家族弄到一枚象征贵族的盾形徽章,以突显自己的名声。1928年,伯德远征南极,许多有钱人主动出资帮助他。他们这么做是有目的的,因为当伯德抵达南极后,许多冰山会以他们的名字命名。

麦金利夫人更是特别,她总是逼迫自己的丈夫——美国总统麦金利,丢下手里的国家大事,躺在床上陪伴她,像哄着孩子一样哄她睡觉。她要麦金利总统时刻陪在她身边,哪怕是去修补牙齿,也要让他跟着。有一次，麦金利拒绝陪她去看牙医，她气得火冒三丈，大发雷霆。当时，麦金利总统正在跟国务卿商议国家大事，可她依然不管不顾。

名人如此，普通人也一样。有时，人们为了得到他人的同情和关心，可能会装出一副可怜的样子以寻找重要感。有一次，作家玛丽·罗伯特·莱因哈特对我说，有个聪明伶俐的小姑娘，为了获得别人的重视，竟然做了一件很荒唐的事。

她说："有一天，这个小姑娘可能是突然间觉得自己长大了，要承担诸多的压力，而她自己又没做好心理准备，看不到未来的希望，就倒在了床上。接下来的十年里，她完全不能自理，终日由母亲照料生活起居。直到有一天，母亲精疲力竭地离开了这个世界。最初，小姑娘还是躺在床上，可是过了几个礼拜之后，她觉得这样做也没什么意义了，竟然自己爬了起来，像过去那样自己穿好衣服，重新开始了自己的生活。"

对于这样的情况，有关专家说：人有时会处于一种梦境般的恍惚状态。其实是为了找寻一种被尊重的感觉，他们可能在现实中难以获得这种感觉。据说，美国其他所有病人加起来，都没有患有此类精神疾病的人多。听起来真是可怕，到底是什么原因把人变成了这样呢？

我们都知道，有一些疾病是可能会诱发神志不清，致人患上精神疾病，比如脑细胞损伤。然而，现实中的情况是，因为这些生理原因诱发的精神疾病，所占的比例只有一半。剩下的那一半，就像刚刚讲到的那个奇怪的小女孩一样，根本不是生理上的问题。最新的科学检查还发现，这些人的脑细胞非常健康，跟正常人没什么两样。越说越奇怪了，既然没有疾病，怎么可能精神恍惚呢？

为了弄清楚这个问题，我走进了美国最著名的精神病院，咨询那里的主治医生。他非常直接地告诉我，虽然没有人知道具体的答案是什么，但有一点可以肯定，这些人在神志不清的状态下，可以体会到被尊重、被关心、被照顾的感受，而这种感受他们无法在现实生活中得到。

真的是这样吗？为了打消我的疑虑，他继续说："我有一个女病人，她的婚姻生活非常糟糕，甚至可以用悲惨来形容。她希望被人爱，希望得到性满足，希望有个自己的孩子，希望被人尊重。不过，这一切在现实中几乎是不可能实现的。她的丈夫一点都不爱她，从来都不跟她一起吃饭，还强迫她每天把饭给他送到楼上。她没有孩子，也没有社会地位，更没有人关心她。

"在现实的折磨下，她终于发疯了。精神恍惚的时候，她以为自己已经跟丈夫离婚了，觉得自己彻底摆脱了婚姻的束缚，她依然保持着少女时的姓氏。她还以为，她嫁给了一位英国的贵族，并且让周围的所有人，包括我，称呼她为史密斯夫人。她还认为，她现在已经做了母亲，有了一个可爱的孩子。每次我去看望她的时候，她都会对我说：'医生，昨晚我又当妈妈了！'"

她想象中的那些美好，被现实的海浪无情地吞没了，唯有停留在幻想的岛屿上，她那载满梦想的小船，才可以安静地停靠在港湾里。许多人觉得她很可怜，可医生却说："就算我真的有办法把她治愈，让她回归到现实生活中，我也不想那么做。我觉得，至少她现在这样活着，比从前开心多了。"

女士们，看到了吧？一个人如果太渴望被人尊重、被人关爱，他就会用极端的方式来得到它，哪怕是失去理智。事实上，我们完全可以通过赞美和欣赏的方式来阻止这样的悲剧发生，只要让对方觉得他很重要，他的命运就可能发生改变。

我们培训中心有一位名叫罗纳德·J.罗兰的讲师，他负责教授工艺品课程。罗纳德同时担任快班和慢班的老师，在学生的意识里，能进入快班学习的人，似乎各方面能力都更胜一筹。他对我说起过这样一件事。他的工艺品班上有一位很腼腆又有点自卑的学生，名叫克里斯。一般来说，这样的学生很容易被人忽略。

一天，克里斯正趴在课桌上做功课。罗纳德能感受得到，他身体里有一股被压制的激情。他试探性地问克里斯："你很想进入快班学习，对吗？"克里斯很惊讶，脸上浮现出异样的表情，眼睛里还闪烁着泪光。他说："罗兰先生，您是问我吗？我确实很想到快班里学习，我可以吗？"罗纳德点点头，说："没错，你可以进入快班。"克里斯离开教室的时候，整个人都不一样了。他容光焕发，神采奕奕，并对罗纳德表示了深深的感谢。

罗纳德告诉我："我要感谢克里斯。他给我上了一节难忘的课——每个人的内心深处，都希望自己变得重要。为了永远记住这点，我写了一条横幅'你是重要的'。我把它挂在教师讲台上，时刻提醒自己，也提醒学生们。"

是的，每个人都希望自己是重要的，是有价值的。我们要做的就是，努力让他们体验到这种感受，给予他们真正想要的东西。有时候，简单的一句话，一点认同和赞美，就完全可以实现这一切。能够成全他人，同时又为自己赢得了友谊和信任，女士们何乐而不为呢？

让别人对你产生信任感

在日常生活中,人与人之间有没有信任感,直接影响着彼此间的远近亲疏。关于信任的重要性,我想给女士们讲讲林肯竞选时的一段故事。

1858年,林肯竞选美国上议院议员。当时,为了赢得伊利诺伊州南部的选票,他要亲自到那里做演说。可是,在那里做演讲不是一件简单的事,因为那里的人们对林肯严重缺乏信任感,甚至还抱着抵触和敌对的情绪。理由很简单,林肯是一个废奴主义者,而他们的农场主却有着大量的黑奴。他们自然不希望林肯能当选。当时,政见和利益的对立十分尖锐,他们甚至放出话来,说只要林肯一来,就会立刻杀了他。

面对如此危险的情形,我们不难想象,林肯要承受多大的压力。但是他没有被这些威胁吓倒,坚持要去那里做演讲。他说:"给我几分钟的时间,我会让他们改变对我的看法。"

演说之前,林肯和当地重要的首领见了面,并友好地握了握手。

之后，他开始进行演讲：

"伊利诺伊的朋友们，肯塔基的朋友们，密苏里的朋友们！我在来这里之前，听到了不少流言蜚语，说你们之间的某些人要与我为敌。如果确有其事，那么我想这些人应该就坐在下面吧？可我不相信这是真的，因为我实在想不出，你们有何理由这样做。

"我和你们一样，是从穷苦的乡村中出来的爽快又直率的平民。我能切身体会到你们的感受。所以，我也希望能和你们一样发表自己的看法。朋友们，我对你们的了解，比你们对我的了解要多得多。不过，将来你们一定会知道，我到底是个什么样人。我不想站在你们的对立面，而你们也一定不会与我作对。现在，我站在这里，我们就已经成了朋友。我相信，你们会愿意结交我这个朋友。因为我是一个谦和的人，我真诚地请求你们能够给我几分钟的时间。你们充满了勇敢与豪气，相信一定不会拒绝我这个朋友发出的小小请求。现在，就让我们真诚地谈一谈严肃的话题吧！"

话音刚落，原本还带着愤怒情绪的人们，竟然开始为林肯鼓掌喝彩。最后，这里的大多数人都跟林肯成了朋友，并终生信任他。再后来，这些人还帮助林肯竞选上了美国总统。

同样一件事，得不到别人的信任和深受信任，有着天壤之别的结果。这一点，林肯早就知道。所以，在演讲中，他不断地向这些人说明，自己和他们之间有着相似之处，自己与他们是朋友而非敌人。

女士们，信任是人与人交往的基本前提。如果没有信任，就算彼此间说再多的话，也算不上是真正的沟通。

有一次，我受一家公司的委托，帮他们物色一个合适的人选做点事情，于是我找到了一位学者朋友。事情进展得一直都很顺利，可就在马上要开工的时候，公司的负责人却打电话告诉我，说我介绍的学者朋友突然间变卦了，不想为他们公司工作了。公司劝了他很多次，说可以延迟上岗日期、减少工作时间或是提高薪酬等等，可他依然不肯接受。

为了弄清楚是怎么一回事，我跟那位负责人一起去拜访了我的学者朋友。奇怪的是，他见到我之后，还是和从前那样热情，跟我聊了很多事情，只是丝毫没有提及为那家公司工作的事。后来，我干脆直截了当地问他，为什么要拒绝为这家公司工作。他说了一些理由，但我认为在这些理由里，最重要的一个原因是，他担心公司是不是能够履行合同中的承诺，是不是会默契地配合他的要求。听到这里的时候，我觉得再跟他继续谈下去，也没什么用了。于是，就跟那位朋友起身告辞了。

回去的途中，我跟那位负责人说："我不知道你们怎么会让他对你们公司产生不信任的感觉，现在你们要做的就是让他对公司重新恢复信任。如果这个问题解决不了的话，那么不管什么条件对他来说都没用。"

第二天，那位公司负责人打电话给我，说那位学者已经同意继续为他们服务了。原来，他在离开学者的家后，又返回去了，同时还拦了一辆出租车，特意等着这位学者，送他去机场。这种真诚的举动，深深地打动了学者，也换取了他的信任。在空闲的时间里，那位负责人还告诉学者，他们愿意提前履行合同中公司的义务。就这样，学者爽快地答应了，说他回来之后马上就去公司工作。

身处这个复杂的社会中，各种各样的人和事都存在着。所以，我们也不能指责这位学者太过矫情，或是说话不算数。毕竟，人与人之间有合作、竞争等各种关系。偶尔，在某些事上存在不信任感，也是很正常的。

倘若我们在生活中遇到了类似的问题，该怎么处理呢？难道就任由自己不知所措，任由不信任感继续存在吗？这显然不行。我们要想办法赢得别人的信任，让他们乐意与我们接近，相信我们所说的话。这里，我想告诉大家一些方法，只要你按照这些建议来做，一定会给人留下真诚且值得信赖的好印象。

首先，最简单的方法就是微笑。"微笑"是最有效的沟通魔法。这个方法也能够帮你赢得他人的信任，因为它会让你看起来更加真诚。同时，勇敢地承认自己所犯的错误，也会让你更容易得到别人的信任，这表明你是一个诚实的人。如果你能够在交谈中博得陌生人的信任，那么你们成为朋友的几率会很大；如果你能够在交谈中博得下属的信任，那么他会心甘情愿为公司效力；如果你能够在交谈中博得客户的信任，那么他会非常乐意与你建立合作关系。

总之，不管与谁沟通交往，女士们都要记住：一定先要让别人相信你。

Chapter4
你赢不了争论

你赢不了争论。要是你输了,你当然也就输了;但如果你赢了,你还是输了。真正的推销精神不是争论,因为人的内心不会因为争论而有所改变。

——戴尔·卡耐基

先给个甜枣，然后再挥巴掌

在拔牙之前，牙医会给患者注射麻药。沟通说话也是一样，在开始批评别人之前，先给对方一些赞扬，他会更容易接受你的观点，也更乐意去改正错误。

林肯这一生写过两封比较有名的信。第一封是写给比克斯贝夫人的，在信中他表达了自己对比克斯贝夫人在战争中阵亡的五个孩子的哀悼。据说，林肯总统当年写这封信只用了五分钟，可在1926年的拍卖会上，这封信却被卖到了一万两千美元。林肯辛辛苦苦积攒半辈子的钱，都没有这个数目多。现在我要着重说的，是他在1863年4月26日给约瑟夫·胡克将军写的一封信，也是他第二封著名的信。

当时，在长达一年半的时间里，林肯的将军们屡屡惨败。很多士兵看不到希望，有的甚至临阵脱逃了，每个人都觉得恐慌无助。在参议院里，共和党内部也出现了分歧，还有人要求林肯辞掉总统一职。对此，林肯说道："我们现在正处在崩溃的边缘，我甚至有一种感觉,万能的上帝也不愿与我们站在一起。我几乎看不到希望的曙光。"就是在那样一段黑暗、惶恐的时期,林肯的第二封信诞生了。

说这封信的目的,是希望各位女士了解一下,林肯在信中是如何运用语言技巧说服一位固执的将军的。要知道,在生死攸关的时刻,国家的命运全都系在这位将军的身上。下面,我来转述一下林肯给胡克将军写的信件的内容:

"我任命你作为波托马克军团的司令,这不是盲目的决定,而是有一定原因的。可是眼下,对于你所做的一些事情,我并不是很满意。一直以来,我认为你是一位机智勇敢而又善战的士兵,说实话,我真的非常欣赏你的这些优点。与此同时,我也相信你不会把政治和军事混为一谈,在这一点上你一直做得不错。

"你是一个有自信的人,这是一种难能可贵的美德。你那远大的理想和志向,在一定范围内是利大于弊的。然而,在波恩塞得将军领导军队期间,你过于放纵自己的野心,几次阻挠波恩塞德将军。身为一名功勋卓著的将军,这件事对你自己乃至整个国家,都是不太妥当的。

"最近,我听闻了一些事,有人说你宣称政府与军队需要一位独裁者来领导。我把军队的领导权交给你,从来没有想过这一点,这也不是我的初衷。被授予独裁权的将军,全是那些在战事上获得胜利的人。说实话,我也非常希望你能在军事上大获全胜,到时候就算顶着风险和阻挠,我也会把独裁权授予给你。就像过去支持其他将军那样,政府会不惜一切代价支持你。

"然而,我真的很担心,你一直向士兵们灌输的那种不信任领导的思想,最终会酿成惨剧,给你自己带来不必要的麻烦。我愿意倾尽全力帮助你，修正这种错误的思想。如果任由这种思想在军队里蔓延，那么不管是谁，都不会得到任何好处。现在，千万不要急功近利，做任何事情都要小心谨慎，提高警惕。夜以继日地前进吧，为了最终的胜利！"

最终，胡克将军听从了林肯的建议。女士们请注意，在这封信里，林肯在批评胡克将军愚蠢的错误前，先对他大加赞扬，而后才指出他的错误。如果一开始就指出对方的错误，问题恐怕就不会这样得到解决了。1856年，麦金利在竞选总统时也运用了这样的沟通技巧。

一天，共和党中一位有身份的党员为麦金利写了一篇竞选宣言。这位党员自认为稿子写得很出彩，得意洋洋地在麦金利总统面前深情地朗诵了一遍。事实上，那篇稿子确实有它与众不同的地方，但麦金利总统觉得还是有点不太理想，甚至还有一丝担心，怕稿子发表出去会引起媒体的批评。可是，看到这位党员如此有信心，麦金利不想打击他的积极性。该怎么办呢？我们看看麦金利总统是怎么说的吧！

"我的朋友，这篇讲演稿真的很棒，非常精彩！我想，没有谁能写得比这个更出色了。说实话，这篇演讲稿在很多场合中都算得上优秀。可是，把它用在某个特定的场合，会不会让人觉得，这是从个人的角度出发来写的呢？我想，我们需要从整个共和党的角度来看这篇稿子，你觉得是这样吗？现在，恳请你重新写一篇稿子，把我所说的那些重点内容都涵盖其中，然后再给我，好吗？"

几天之后，那位党员重新上交了一篇稿子。麦金利总统对它非常满意。因为得到了麦金利总统的肯定，那位党员很感激他。在后来的竞选中，他一直尽心尽力地为麦金利总统做事。

美国总统卡尔文执政的时候，曾经邀请我的一位朋友到白宫做客。当我的朋友经过总统的私人办公室时，无意间听到了卡尔文和一名女秘书的对话。卡尔文总统平日极少赞美别人，可他当时十分诚恳并郑重地对女秘书说："你今天穿的裙子很漂亮，不得不说，你是一位很有魅力的女士。"

我的朋友被惊住了。因为他知道，赞美别人的话从卡尔文总统嘴里说出，实在罕见。女秘书有点儿不好意思，脸上微微泛红。见此情形，卡尔文总统继续说道："你不要不好意思，我是为了让你高兴一些才那样说的，我希望你以后能够更注意一下公文中的标点问题。"

也许，卡尔文总统这样赞美别人的目的太明显了。可即便如此，他也是深谙人类心理学的。就像理发师在给人修面之前，往往会在他们的脸上涂上泡沫以软化胡须。人们在接受一番赞扬之后，往往对批评的话更易接受。

我们再来看看宾夕法尼亚沃德公司W.P.卡伍先生的例子。沃德公司与人签订了一份有关建筑工程的合同，对方要求他们在一定期限内完工。原本一切事情都进行得很顺利，可偏偏在即将竣工的时候出了差错。

一天，工程的次级承包商突然告知说他们的青铜外观装饰品没办法按时送达工地。无奈之下，整个工程只能被迫停下来。如果不能按时完工，沃德公司就算违约了，不仅要赔偿对方违约金，自己也会蒙受巨大的经济损失。

他们给次级承包商打过几次长途电话，希望能解决问题。可惜，双方争执了半天，根本没有缓和的余地。迫不得已，公司只好委派卡伍先生去纽约，与那个次级承包商见面商谈。

卡伍先生见到了次级承包商后，完全没有提工作的事。他说："你知道吗？整个布鲁克林只有你一个人是这样的姓氏。"承包商听了之后，非常惊讶地说："是吗？我从来都没有留意过。"

卡伍先生又说："今天，我在火车站，通过电话簿查询你们的地址时，发现布鲁克林区的号码中，只有你一个人是这个姓氏。"承包商答道："我真的一点儿都不知道这件事。"说完，他也好奇地查了一下电话簿，结果发现，他的姓氏确实极为少见。他颇为自豪地说："我的祖先来自荷兰，两百年前就来了纽约。"接着，他就开始说起自己祖先的事迹。

等他说完这些事，卡伍先生转移了话题，开始赞扬他的企业："我见过的装饰公司中，这是最干净、最整洁的一家，规模也比我以往参观过的那些公司都要大。"

承包商说："经营这家工厂，耗费了我太多的心血，我把大半生的时间都放在这上面了。我为我的公司感到骄傲。你想不想跟我四处转转，参观一下我的工厂？"

卡伍先生跟着承包商参观工厂。期间，他不停地称赞那些工人敬业能干，还告诉承包商说，这就是他们胜过其他竞争者的地方。随后，卡伍又发现了一些很特殊的机器。承包商说，那都是他自己发明的。卡伍对这些东西表现出极大的兴趣，大赞了一番，又向承包商了解这类机器的优点、用途、使用方法，承包商耐心地给卡伍讲解，不觉疲倦。最后，承包商坚持要请卡伍先生一起吃午饭。

卡伍先生没有提自己此行的目的。可是吃完午饭后，承包商却主动提及了这件事。他说："我们说点正经事，来谈谈合同吧！我知道你这次为什么而来，只是没想到我们会聊得这么投机。你放心好了，就算我们延迟其他的订单，你们的货也一定会如期交的。"

就这样，卡伍先生什么抱怨的话都没说，也没有提要求，只是适当称赞了承包商的工厂，就很顺利达到了目的。如果他一开始就跟对方对峙、争吵，恐怕就不是这样的结果了。

女士们，如果你们也能在生活和工作中学会先扬后抑，那么不管遇到任何事，你都会更容易赢得对方的赞同，从而达到你的目的。

用对激将法，让别人听你指挥

在我的推销训练班中，曾经有许多女士向我诉苦，说她们不敢跟陌生人打交道。遇到类似的情况，我总是说："我非常明白你们的感受，也理解你们所遭遇的现实。不过，我想给你们讲一件事，或许会对你们有帮助。"接下来，我就开始讲述：

"刚刚来到纽约的时候，我没有工作，四处奔波，辛苦了半天却没有任何收获。幸好，我遇到了一位名叫彼尔·霍思克的先生，他给了我很大的帮助。在聊天中，我知道了彼尔的故事。

"他和我一样，独自从家乡来纽约闯荡。刚到纽约时，他的境况和我差不多，后来才勉强找到了一份推销员的工作。可是，做推销对他来说实在太难了，他根本就不知道从哪儿做起。在一个月的时间里，他一件东西也没卖出去。他当时特别痛苦，不停地问自己：为什么别人都能成功，只有我这么狼狈？慢慢地，他发现了一件事，推销商品不只是需要热情和勤奋，还要让顾客明白这种东西对他们有什么用处。因为人们只愿意买那些有用的东西。彼尔继续努力，靠着饱满的热情和坚毅的态度，终于成功卖出了一件商品。那天晚上，彼尔哭了，为了这些天来所受的劳苦，也为了这一刻难得的成功。

"从那以后，彼尔的推销业绩越来越好，成了公司里优秀的推销员。一年之后，彼尔升职了，成为公司高层管理人员中的一位。很多人都不相信，出身乡村，只上过五年学的彼尔能有今天。此后，他一边做推销，一面坚持学习，完善自己。

"说实话，彼尔的故事打动了同样身处困境中的我。如今，我能够站在这里为大家上课，全是因为受彼尔的启发。在座的各位，都曾接受过良好的教育，所以对于你们来说，推销其实是一桩简单的小事，只要你们用心去做……"

听到这些，台下的那些学员们明显都受到了触动，在底下小声议论。事实证明，他们后来做得都很好，包括那些曾经不敢跟陌生人打交道的女士们。她们事后给我打电话说，非常感谢我给她们分享了那段故事。

其实，我不过是用了一个激将法。所谓激将法，就是当一些人受了挫败，犯了错误，内心感到自卑、沮丧、绝望，用其他办法都没法使他振作起来时，我们就可以用一些带有刺激性的语言来贬低他们，刺激他们的自尊心，让他们为了找回尊严，鼓起勇气重新面对生活。

勒克原来在一家化妆品公司做推销员。在一次卖东西的过程中，他结识了一位姑娘，并深深爱上了她。他沉迷于其中无法自拔，连工作也辞掉了，每天在姑娘家附近徘徊，希望有机会能够遇见她。那位姑娘很烦他，她的人家也很生气，可又拿他没有办法。

那天，姑娘刚走出家门，勒克就赶紧跑了过去。他在那里已经等了一个礼拜了，好不容易见到了心爱的她，于是缠着姑娘不放，说什么也不肯走，非要姑娘嫁给他。

姑娘恼羞成怒，大声地骂道："你这个混蛋、穷光蛋，你有什么本事让我嫁给你？你养得了我吗？整天没点正经事做，就知道缠着女孩子，你一辈子也不会有出头之日的。上帝会惩罚你。你放开我！让我嫁给你，简直是白日做梦！谁会嫁给一个无赖混蛋，一个穷小子。看看你穿得那身破衣服，有什么资格说爱我，说娶我？赶紧走吧，乖乖地回去，等你赚了钱，打扮得体面一点，再过来找我，说不定我还愿意跟你说上两句话……"

姑娘的话深深地刺痛了他，勒克明白了自己现在的处境。自那以后，勒克决定彻底告别过去的自己，重新振作起来。十年之后的勒克，已经是一家公司的总裁了。此时，他又开车去了那位姑娘的家，专程拜访她，对她表示感谢。同时，他也郑重其事地告诉对方，当年的自己不是流氓，只是因为爱之深的缘故才会那样做。

激将语言，可谓是各种语言技巧里，最为猛烈的一种。所以，在使用的时候，一定要注意对方的心理承受能力。这就跟治病一样，必须要对症下药才有效。如果药开错了，不仅不能治病，还可能带来麻烦。所以，在运用激将法的时候，一定要注意下面这几点：

第一，要选择合适的对象。被激的对象，必须是那种有着强烈自尊心的人。否则，你很难激起他内心的力量。通常，激将法用在比较熟悉的人中间比较好。如果用语言去激陌生人，很容易被对方认为是在羞辱和蔑视他。

第二，要选择合适的时机。没考虑好的时候，或者话说得太早了，没有掌握住最恰当的时机，都可能无法发挥效用。

　　第三，要选择说话的内容。凡事有度，过犹不及。激将法要根据具体的时间、具体的人物来定，语言的内容也要有分寸，不痛不痒不行，太过尖刻也不行。为了保证达到目的，同时避免适得其反，有人经常会用暗激法。就是不明着刺激对方，而是用褒扬其他人的方式，来激发对方的勇气和自信，让他产生赶上或超过其他人的决心。就像我们上面讲述的彼尔的故事，就是最明显的暗激。

　　总之，选准对象，选准时机，选对方法，才能让激将法发挥最大的效用。这一点，女士们务必牢记于心。

多顺着别人，别人最终也会顺着你

世界上有一句非常神奇的话，它可以阻止争辩、消除怨恨、营造好感，还能吸引别人。就算是世界上最固执的人，听到这句话后也会被软化。当然，说这句话的时候，你一定要表现出真诚的态度，那样的话，才能够打动对方。

现在，就让我告诉你，这句神奇的话是什么——对你的所作所为，我没有丝毫的责怪。因为如果我是你的话，或许我也会那么做。

如果因为遗传的缘故，你的身体、性情、思想和著名大盗卡邦完全一样，而你也处于他的环境中，和他有着相同的经历，那么极有可能，你也会和他一样，这就是他沦为盗匪的原因。你会成为你这样的人，并不是什么值得骄傲的事；而那个固执不讲理、惹你烦恼的人，他之所以会成为那样的人，也不都是他的错。所以对于这样的人，你要给予怜悯和同情。

奥尔柯特女士是《小妇人》的作者，我在一次播音演讲中提到了她。我知道她是在马赛诸塞州的康科特长大的，并且在那里完成了她的名作。可是，我因为口误，不小心说成了"我曾经到纽海姆彼雪的康考特拜访过她的老家"。如果我只说了一次"纽海姆彼雪"，还情有可原，可惜我一连说了两次。之后，我收到了很多质问和指责的信函及电报。

一位住在费城的老太太，她也是在马赛诸塞州的康科特长大的，对于我的口误，她表现出了极大的愤怒。我读到她那封信时，感慨万千地说："感谢上帝，幸亏没有让我娶到这样的女人。"我本来想给她回一封信，告诉她我虽然说错了地名，可她也用不着表现得这么粗鲁无礼。我甚至还想撩起衣袖告诉她，她给我留下了无比糟糕的印象。不过，我只是想想而已，并没有真的那样做。我尽量克制自己的情绪，我知道要是那样做了，就显得太愚蠢了。

我不想跟她争执，而是希望让她把仇视变成友善。我告诉自己："如果我是她的话，可能也会有那样的感觉，说出那样的话。"后来，我去费城的时候，给这位老太太打了一个电话。我说："夫人，几个礼拜以前我收到了您寄来的信，真是感谢。"电话另一端传出柔和的声音："很抱歉，您是哪一位？我实在听不出来。"

我说："我叫戴尔·卡耐基。对您而言，我应该算是一个陌生人。在几个礼拜前，您收听了我在电台的节目。我把《小妇人》作者奥尔柯特女士的出生地说错了，犯了这么愚蠢的错误，实在不应该。为了这件事，我特意向您道歉。同时，还想感谢您花费那么多的时间和精力帮我指正错误。"

她说："实在对不起，卡耐基先生，我在信里向您粗鲁地发脾气，请您原谅。"

我坚持说："您不该向我道歉，错的人是我，该道歉的人也是我。我想，一个小学生大概也不会犯那样的错误。我后来已经在电台更正了自己的错误，现在我想亲自向您道歉。"

她说："我是在马赛诸塞州的康科特长大的。两百多年了，我的家庭在那里一直很有声望，我的家乡是我的骄傲。所以，当我听你说奥尔柯特女士是新罕布什尔州人的时候，我心里很不舒服。可不管如何，我写了那样一封信，实在是很不好意思。"

我说："别这样说。像您这样一位有身份、有地位的人，能给电台播音员写信指出错误是很难得的。如果以后我的演讲中再出现什么错误，希望您还能告诉我。"

她说："你这么谦虚地接受别人的批评，真的让人很喜欢你。我相信，你在生活中是个不错的人，我想跟你成为朋友。"

当我从她的角度阐述整件事，并对她的言行表示理解时，我也得到了她的理解和原谅。我很高兴，我能够克制住自己的情绪，用一种亲和友善的方式对待别人的侮辱。这位夫人能够喜欢我，并愿意和我成为朋友，没什么比这更让我觉得高兴的了。

塔夫特总统在总结人际交往的经验时，得出这样一个结论：同情是化解恶感最有效的药物。他曾经写过一本名为《伦理中服务》的书，里面举了一个非常有意思的事例。

"一位住在华盛顿的太太，其丈夫在政界也是很有名望的人。她缠着我将近两个月的时间，让我帮她的儿子安排一个职位。为了达到目的，她还请求议员中的几位参议员给她做说客。我不是不想帮她，而是因为那个职位需要的是技术型人才，已经有人为我推荐了一个合适的人选。所以我不能够答应她的请求。

"很快，那位太太写信指责我，大致是说我忘恩负义，我当初劝说她那一州的代表赞助我的一项重要法案，而今我却全然都不记得了。我拒绝了她，让她心里很难过，很不开心。其实，她是想说，我只要做一点举手之劳的事就能让她愉快，而我却不愿意。

"看到这封信的时候，或许很多人都会想到立刻回复，用严正的措辞回击她的无礼。可我想说，你可以写，但是写过之后你最好把它锁进抽屉，过两天之后再拿出来。到那个时候，也许你就不会想把信寄出去了。我就是这样做的。

"之后，我很冷静，用最客气的措辞给她写了一封信。我说，我能够体会到一个母亲的心情，也能感受到她在遭受拒绝后的失落。我坦白地告诉她，安排谁去担任那个职位不是我一个人的决定，与个人的喜恶无关。选择最合适的人才是正确的做法，这也是我接受了他人推荐的原因。我表示，很希望她的儿子继续在原来的岗位上工作，做出更大的成就。

"结果，那封信让她消了气。她回复了一封简短的信给我，说为她上次的言行感到抱歉。但是由于我委任的那个人无法在短期内上岗，那位太太也得知了这个消息，所以，几天之后，我又接到了一封署名是她丈夫的信。但我发现，信上的笔迹跟前两封信一样。信上说，他太太因为这件事有点神经衰弱，卧床不起，胃里可能已经长了瘤。为了让她早日恢复健康，他希望我能够让他的儿子顶替那个已经委任的人。

"我假装不知道实情，给她的丈夫回了封信，说但愿他太太的病况是误诊，对他所遭遇的一切表示同情。只是，要撤回已经委派的人是不太可能的事了。几天之后，那个人就要上岗。之后，我在白宫举行了一个音乐会，这对夫妇早早就来了会场，向我致敬，他们钦佩我不揭穿太太蹩脚的行为并大力称赞我不以公谋私。"

霍洛克是美国第一位音乐会经理人，他对如何应付像邓肯、潘洛弗、嘉利宾等有名的艺术家，有着二十几年的丰富经验。霍洛克告诉我，要应对那些性格古怪的音乐家，就要对他们可笑、古怪的脾气表示出极大的同情。

霍洛克曾经给世界低音歌王嘉利宾做过三年的经理人。嘉利宾简直就像是一个被宠坏的孩子，让霍洛克伤透了脑筋。比如，晚上有音乐会的话，嘉利宾总是在当天的中午给霍洛克打电话，说他不舒服，喉咙沙哑，不能登台演出。

听到这样的话后，霍洛克从来不与他争辩。他知道，作为一个艺术家的经理人，这样处理问题是很糟糕的。每逢这时，他总是连忙赶到嘉利宾住的旅酒店，充满同情地说："我可怜的朋友，真是很不幸，看样子你是没法再唱了。没关系，我马上就去通知他们，取消晚上的节目。虽然这会让你损失两三千块钱的收入，可是跟你的名誉比起来，那都不算什么。"

听到霍洛克这样说，嘉利宾会怀着感触的心情叹息道："沙尔，要不你等会儿再来吧。下午五点钟的时候，看看那时候我的情况怎么样。"到了五点钟，霍洛克再去宾馆时，依然坚持要替嘉利宾取消节目。这时，嘉利宾又说："你再晚一点儿过来，可能那时我会好很多。"到了七点半，这位低音歌王终于答应了登台。

盖慈博士曾在他的著作《教育心理学》一书中写道："人类普遍渴望同情，孩子们摔倒后会急切地向大人显示他受伤的地方。"何止是孩子会这样？成人也一样。他们可能会到处向人说他的意外事故，说自己的疾病，特别是开刀手术的经过。自怜是人类的习性。所以，各位女士们，如果你要获得别人的赞同，那你就要学会同情他们。

天花乱坠几百句，
一点事实就搞定

语言是我们生活中最简单、最平凡却又最重要的事。语言与人们密不可分，所以，说话的技巧就显得格外重要。然而，在与人交流的过程中，有时要表达的意思可能很模糊，不够具体，对方无法很快接受或理解。在这种情况下，如果讲话者能够利用现实生活中的某些常见的、具体的东西来做比喻或比较，对方就很容易理解了。

不管是与人沟通，还是制订计划，当你希望别人接受你的观点时，最好的办法就是多用准确的数据来说话。这比泛泛而谈更有说服力。女士们大概也有过这样的体验，不管是平时聊天还是做演讲，机械生硬地讲述大道理会把气氛弄得很沉闷。多说一些实实在在的事，从生活中那些最细微的事情说起，讲一些易于理解而又生动感人的事例和经验，一点一点地去分析事理，就会给人留下深刻的印象。

曾经，有位牧师在布道演说中说了这样一番话——

"各位兄弟姐妹，请大家抬起头来，看看我们的天窗和玻璃，它们和室外看到的蓝天和阳光一样清透明亮。请大家低下头，看看下面的地板，它们没有一片纸屑和一口痰迹，一尘不染。请你们用手摸摸凳子和扶手，你们的手掌不会有任何的尘埃，而椅子上面也不会有一点痕迹。请你们再看房间里的窗台，还有窗台上的每一盆花，你会发现这么多花里面，没有一片黄叶，它们都开得很好。我们不知道，究竟是谁做了这一切。但肯定有人付出了劳动。

"看看你们的左边、右边、前面、后面，做好事的人或许就在其中。你们相互看一眼，笑一笑，这样就足够了。有心做好事的人，根本不想让别人知道他的名字，可是做了好事的人，你一眼就能够认出他。因为，为他人付出，他会感到满足和快乐，他的神情会显得很温和。想想看，每天谁来得最早，谁是第一，谁是第二，谁带的扫把，谁带的抹布，谁送的鲜花……"

牧师想说的是，身边的小事都需要充满爱心的人去做。可他没有大谈特谈高尚和爱心，他只是从刚刚发生在人们身边的真实的小事情说起，自然而然地把道理蕴含其中。如此一来，就增加了语言的感染力和说服力。

所以，想要练就好口才的女士们，必须要懂得用基本事实来提升语言的可信度。为了把某一件事情说得更加真实具体，让听者更容易理解和接受，就要少用"也许"、"大概"这样的字眼，多用具体的数字。当然，引用数据的时候，也不能像作报告一样，生硬地把这些枯燥的数据丢给听众，那样会适得其反。善于谈话的人，会把每个细节都巧妙地设计好，用更贴切的方式来形容那些数据，让听众切身地体会到自己所说的概念，并相信自己的观点是真实的。

曾经，为了让人们了解并充分利用尼加拉大瀑布的能量，美国记者爱德文·史路森在介绍尼加拉瀑布时用了一连串的数据，但在

措辞上却别出心裁,他是这样说的:

"我们知道,全美国吃不饱、穿不暖的穷人有几百万,而尼加拉瀑布平均每小时浪费的能量,就相当于生产25万条面包和60万枚新鲜的鸡蛋所需要的能量。如果印花布可以从一架像尼加拉河那样宽达4000尺的织布机上织出来,那就说明,有同样数量的布料被浪费了。如果把卡耐基图书馆搬到瀑布底下,不出两个小时,它就能让整座图书馆装满各种好书。我们还可以想象,一家大百货公司每天从伊利湖上游漂下来,它的各种商品都被冲落到160尺下的岩石上。"

为了向人们证明充分利用尼加拉大瀑布的能量有多么重要,爱德文·史路森用大量的数据替代苍白和模糊不清的语言,不仅吸引力听众,还增加了说服力。

女士们,这些案例足以说明,要想让别人接受你的观点,就要多引用数据。当然,要做到这些也并不容易,有些数据是需要自己亲自搜集才能得到的。不要觉得数据不重要,就忽略它、放弃它。有时,可能就是这不起眼的数据,给你的讲话增加了可信度。总而言之,用客观的事实来说话,用轻松自然的方式来表达,你所讲的话、所阐述的观点,就更容易打动听者,并赢得他们的赞同与信任。

多让别人提意见
才能保留自己的意见

在这里，我想问所有女士一个问题：对于一件事的认识，你希望它是别人告诉你的，还是自己领悟到的？显然，多数人都会选择后者。如果真是这样的话，那你就该知道，当你把自己的意见强加给别人时，对方是不乐意接受的。想办法让对方跟你拥有相同的观点比直接说教更有效。

来自费城的赛尔兹先生，是我学习班里的一位学员。面对一群懒散的汽车推销员，他曾经伤透了脑筋。为了让他们恢复对工作的热情和信心，他特意召开了一个动员大会。他在会上询问销售们："你们最希望从公司得到什么？"员工说完后，他把那些要求和意见都写在黑板上，而后他做出保证："我可以满足你们的要求。但是你们要告诉我，你们可以给我什么？"

这次动员大会之后，销售们充满了自信和勇气，公司的业务与日俱增，赛尔兹也获得了更多的利润。员工们给了他忠诚、进取、团结和热情，他们对工作尽职尽责，有些员工甚至说，他们愿意每天工作十四个小时。

赛尔兹先生对我说:"我跟推销员们做了一个精神的交换。我给予他们想要的东西,所以他们愿意努力工作。"确实,每个人都喜欢按照自己的意愿做事,希望有人理解自己的心思和想法,没有谁愿意被强迫或是被指派做一件事。

罗斯福在出任纽约州长的时候,与政党里的重要人物相处得很融洽。有时,这些重要人物们会反对一些提案,可罗斯福总有办法让他们改变看法。女性朋友们不妨一起学习下他的技巧。

每当有重要的职位出现空缺时,罗斯福会让那些政党要员自己推荐合适的人选。起初,他们推荐的人可能并不太受欢迎。罗斯福就告诉他们,此人可能并不太适合此职位,民众也不会同意。之后,他们又推荐其他人,可能那个人比较有亲和力,但同样不太适合这个职位。罗斯福就告诉他们,这个人不足以担任这个职位,请他们再推荐一个更为合适的人选。

他们第三次推荐的人,可能各方面条件都不错,但依然不太理想。罗斯福会对他们表示感谢,并要求他们继续推荐。而他们第四次推荐来的人,往往就是罗斯福想要的。他同意任用这个人,赋予他此职务的权利。这个时候,罗斯福就会对那些推荐人选的党政要员说,他顺从了他们的意见,接下来,他们也该顺从他的意见。那些要员很乐意这样做,因为总统给了他们参与政府重大改革的机会。

从这里我们不难看出,罗斯福每次都花费大量的时间去征求他人的意见,并尊重他们提出的建议,让那些要员们觉得,最后推选的那个人,自己的意见有非常大的贡献。

再来说说威尔逊的故事。他是一家服装图样设计公司的业务员。

没有参加我的学习班之前，他的工作业绩并不太好。几乎有三年的时间，他每个礼拜都去纽约拜访一家公司的老板，虽然对方每次都见他，可他从来没有买过威尔逊的图样。

一次又一次的失败，引起了威尔逊的反思。他决定琢磨一下，怎么样才能影响别人的行为，让对方接受自己的理念。后来，他真的想到了一个办法。

那天，他带着几张设计师还没有完成的图样，来到了那位老板的办公室。他说："这里有几张没有完成的图样，我想问问您，您觉得接下来该怎么做才合适？"那位老板认真地看了看图样说："这样吧，威尔逊，你把这几张图样先放在我这里。我考虑一下，几天之后再答复你。"

几天以后，威尔逊又去拜访那位老板，对方提出了一些意见，而后他把图样带了回去，按照他的要求做出修改。结果，那位老板接受了他的图样。之后又接连订了十张图样。威尔逊总算没有白忙，在他那里赚到了不少的佣金。

提及过去的失败经历，威尔逊这样说道："我总是给他我认为他需要的东西，却根本没考虑到他是怎么想的。现在，我让他提出自己的意见，按照他的要求修改。他会感觉到那些图样是他自己设计的，就算我不要求他买，他也会主动买。"

同样是利用这样的方法，长岛的一位汽车商成功地把一辆旧车卖给了一对苏格兰夫妇。在此之前，这对夫妇已经看过了很多辆汽车，却总是不满意。后来，这个汽车商找到了我，诉说了自己遇到的问题，我给出的建议是，让这对苏格兰夫妇主动来买汽车。

几天之后，有位顾客要换新车，打算出售原来的旧车。这时，那位机灵的汽车商人马上想到了那对苏格兰夫妇。他觉得他们可能会对这辆旧式汽车感兴趣。接着，他给那对苏格兰夫妇打电话。电话里他并没说要买车的事，他只是说，有个问题想请教他们。

苏格兰人接到电话就来了，汽车商人面带微笑地说："我知道你们对买汽车的事很在行，我想让你们帮我看看，这部旧车大概值多少钱，这样的话，我在跟客户交谈的时候，心里也好有个底。"苏格兰夫妇听到这番话，脸上露出了笑容。一个卖车的行家向自己请教问题，这对他们而言，的确是一种莫大的肯定和赞许。

苏格兰夫妇开着车转了几圈，对汽车商人说："如果你能花三百美金买下这个车子，那你肯定赚了。"汽车商紧接着问："如果我花三百美金买下来，再以同样的价格卖给你，你要吗？"苏格兰夫妇很痛快地答应了。因为，这个价格是他们自己说出来的，符合他们的心意。

有一位X光仪器制造商，想把一批机械仪表卖给勃洛克林市的一家医院。这家医院负责采购X光仪器的是L医生。他整天被不同的制造商缠着，每个制造商都说他们的东西是最好的、最合适的。

不过，这位X光仪器制造商很聪明，他给L医生写了一封信。信中说他们厂里最近研制出了一批X光仪器，现在已经运到办事处了。只是他们都不知道这些设备究竟好不好，希望L医生能够抽出一些时间来参观指正，告诉他们到底什么样的仪器更适合医疗使用。信的末尾，他还说道："我知道您工作很忙，如果您愿意的话，我将亲自接您过来，并感激不尽。"

L医生告诉我，他接到这封信的时候，非常惊讶。接触过那么多制造商，还从来没有一家向他征求过意见。他很高兴，觉得自己受到了重视。尽管那个礼拜他有很多事要做，但还是抽出时间去看了看那套仪器，并最终买了下来。

不要小看这个说话秘诀。几年前有人也这样说服过我。当时，我打算去纽勃伦司维克划船和钓鱼，所以写信给旅行社，让他们帮忙安排一个愉快的行程。大概因为我是一个公众人物，所以很多旅行社纷纷给我寄来信件和宣传册。一时间，我也不知道选哪个好了。

就在这个时候，一位旅行社的主管联系到我，给了我几个人的姓名和电话号码，说这些都是他曾经招待过的顾客，我可以打电话向他们询问一些情况。在这些名单中，有一个名字很吸引我，因为那是我的一位朋友，我赶紧打电话向他询问。后来，虽然还有其他的旅行社热情地邀请我，可我都没有选择，我就认准了这一家。那个有心的主任，给我留下了深刻的印象。

各位女士朋友，如果你想在生活中影响别人，让别人赞同你，那么我恳请你遵循这个准则——让对方觉得那是他的主意。这样的话，你不用费太多的口舌，也不需要做太大的付出，对方就会心甘情愿地赞同你。

不想被拒绝，就不要令对方摇头

我想，大多数女士朋友在交谈中都有过类似的体验：当你说"不"的时候，你所有的骄傲和个性都要求你忠于自己的反应。过后，你可能会觉得这个"不"有些不恰当，可为了维护骄傲的尊严，你又觉得自己必须要坚持到底。

其实，这是人的一种心理模式。保罗·欧佛史屈特教授曾经提出过这样一个理论：一个"否定的"回答是最难克服的障碍。当一个人说"不"的时候，如果他真的持否定态度，那么他心里的抵抗情绪要远远超出"不"字本身。他全身的组织都会处于抗拒的状态，包括腺体、神经系统、肌肉组织等，整个人会很紧张，处于一种防御的状态中。相反，当一个人说"是"的时候，不存在任何身体收缩的情况，整个身体组织都处于一种前进、认同、开放的状态。所以，如果能够在一开始尽可能地制造"是"的氛围，就很有可能引导对方同意我们的观点。

细心的女士可能已经发现，生活中那些擅长说话的人，往往在谈话之初就会让对方做出许多肯定的回答,这其实就是在让对方在心理上慢慢地朝着肯定的方向发展。这跟打桌球的道理是一样,向着一个方向击球不难,可如果要让球按照原来的方向弹回,却不太容易。不过,这种肯定式回答的小小技巧,经常被人们忽略。

雷蒙是西屋公司的业务员,他负责的客户中有一位名叫斯密斯的富翁。为了跟他打好关系,雷蒙的前任上司和他花费了13年的时间,但一直都没什么效果。直到最近,史密斯才答应购买几部发动机。可就在这时,又出现了新问题。

当雷蒙再次去拜访他的时候,史密斯生气地说,以后都不会再购买西屋公司的东西。因为它们不但产品质量不好,而且使用之后容易发热,无法把手放在上面。雷蒙很清楚,与他争辩没有任何意义。

于是,他对那位富翁说:"史密斯先生,你的看法我完全赞同。如果我们公司的发动机确实存在过热的问题,你不应该再购买。你花了钱,肯定不希望买到热量超标的发动机,是不是?"史密斯回答说:"是。"

雷蒙继续说:"你应该有所了解,电工行会规定一架标准的发动机的温度,不能比室内温度高72华氏度①,是吗?""没错,可你们的发动机高出了这个温度。"史密斯说。

"我想问一下,你工厂的温度是多少呢?"

"75华氏度。"

"是啊!75华氏度,再加上72华氏度,就是147华氏度了。如果你把手放在这么高温度的水里,怎么能不被烫伤呢?"史密斯点了点头。

"所以,以后你最好不要把手放在147华氏度的发动机上面了。"

---

① 1摄氏度=33.8华氏度

雷蒙说。

史密斯说："也许，你说得对。"接着，他们又聊了一会儿。最后，史密斯答应，在下个月继续订购西屋公司的产品。

回想这件事时，雷蒙说："争辩不是最好的办法。我们要学会站在对方的角度看问题，要想办法让他们说'是'，因为这才是最关键的地方。"

多数人都希望，自己说出了想法后，对方马上就表示同意，如若不然，他们就会急切地与对方辩驳。詹姆斯·爱波森在纽约市格林尼治储蓄银行做出纳员，他曾经遇到过这样一件事。一位顾客要开个人账户，他让对方按照惯例填写一张表格。对方回答了一些问题，但有一些问题却空着没答。

在没有学习过如何处理人际关系的课程前，爱波森遇到这样的问题时一定会对储户说："如果你不填写这些信息的话，我们是不会给你开户的。"但是现在，他绝对不会这样做了。虽然那样说话会让他觉得很痛快，能够向顾客显示出他在这里掌控着主动权。

于是，就在那天，爱波森决定不再以银行的规矩为主，而是把顾客的需要放在第一位。最重要的是，他下定决心要让对方从一开始就说"是"。他对顾客说："其实，您拒绝填写的那些内容，也不都是必须要写上。只是，如果您在这家银行有存款，在您去世之后，您不希望把名下的财产转移给那些有继承权的亲属吗？"顾客没有犹豫，回答说是。爱波森又说："难道您不认为，告诉我们您最亲近之人的姓名是个不错的建议吗？万一您有什么意外情况，我们也可以确保您的财产安全无虞。"顾客又表示同意，说当然希望能够如此。

当顾客意识到，登记这些信息的目的是为他的利益考虑，而非为了银行的利益时,他的态度变得温和了许多。在离开银行之前,他不仅告诉了爱波森他所有的个人信息,还在他的建议之下开了一个信托账户,将其母亲作为受益人,并十分配合地回答了所有关于他母亲的问题。

对此,爱波森先生说:"我发现,只要从一开始就想办法让他说'是',他就会忘记我们之间的分歧和争执,并且十分乐意去做我所建议的那些事。在整个过程中,我只是冲他点头微笑,或者做一些其他的肢体动作就行了。"

闻名于世的思想家苏格拉底,是影响这个世界的最好的劝导者之一。他所做的这些事,不是谁都可以做得到。他从来不会直接告诉别人他们的错误,而是选择以对方肯定的答复作为辩论的基础,这种方法后来称之为"苏格拉底辩论法"。

具体来说就是,苏格拉底会提出一个令别人无法不赞许的问题。然后,他会继续发问,再得到赞同。直到最后,他的反对者们不知不觉地发现,自己所得出的结论,跟自己之前所想的、所坚持的内容,全都是相反的。这就是苏格拉底的高明之处。

这听起来不可思议,可事实上,如果你愿意的话,你也可以做到。这就需要你从谈话开始就避免谈论那些可能会产生分歧的事,而是先强调你们都认可的事。

接下来,强调你们的目标是一致的。让对方了解到,就算你们有分歧,也只是方法上的不同,但目标从未改变。你可以先问一个温和的问题——一个可以得到"是"的问题,然后不断延续这样的提问方式。很快你就会发现,你已经在慢慢赢得他的认同。

女士们,出色的说话高手就是这样炼成的。不要怀疑,试试看吧。

Chapter4　你赢不了争论

多一点儿竞争，有对比才有干劲

　　某理财公司有一家下属工厂，总是无法按要求完成规定的生产量。施瓦布总裁质问厂长，为什么他那么有能力，却不想办法让那些工人按计划完成生产量。厂长觉得很委屈，说自己也不知道怎么回事。就算用奖金鼓励工人，他们也不认真工作；如果斥责他们的话，他们就会拿撤职来威胁他。

　　他们说话的时候，白班的工人下班了，正好夜班工人上岗。施瓦布向厂长要了一根白色的粉笔。他拿着粉笔，询问几个白班的工人说："你们今天完成了几个单位的工作？"工人们回答说是6个。施瓦布什么也没说，就在地板上写了一个大大的"6"字，就离开了。

　　夜班的工人来接班时，全都看到了地上那个巨大的"6"字，他们想知道这代表什么。白班的工人说，是工厂的老总来了，询问他们今天做了几个单位的工作，他们回答是6个，老总就在地板上写了这个6字。

　　第二天，施瓦布又去了工厂，他发现夜班的工人已经把"6"字改成了"7"。

当白班的工人们发现,地上的字被换成"7"的时候,也不甘示弱,便更加努力地工作。就在那天,白班工人竟然留下了一个大大的"10"。可想而知,最后的结果是怎样的。这个厂子的生产量越来越高,不仅实现了规定产量,还高于公司其他下属工厂的产量。对此,施瓦布给出的解释是:"我们要鼓励那些良性的竞争,在人们心中培养出一种战胜他人的欲望。"

是的,如果没有"挑战",那么罗斯福就不可能成为白宫的主人。

当时,罗斯福被推选为纽约州州长的候选人。可是因为他之前一直居住在古巴,与他对立的人便找到了由头,说罗斯福不是纽约州合法的居民,没有资格参加纽约州州长的竞选。罗斯福知道,反对他的呼声很高,他也做好了退出的准备。

就在这时,科利尔却表现出不同的姿态,他支持罗斯福继续竞选,还刺激他说:"我以为你是传说中的'伟大的骑士',现在看来,你根本不是,只是一个懦夫罢了!"罗斯福怎肯甘心被人这样说?他那不服输的欲望被激发起来,于是开始与那些反对他的人作斗争。最后,他成功了,这个良性的挑战不仅改变了他的一生,也改写了美国的历史。

菲司顿橡皮公司的创始人说过一句话:"用高额的薪水,不一定能产生人才。唯有竞争,才能让他们的工作效率发挥出来。"可见,"挑战"的力量是多么强大!

鬼岛西端有一座令人胆战心惊的监狱,那里的犯人非常凶狠,又不服管教,很多监狱长上任没有多久就离开了。为了这件事,负责人事工作的史密斯先生急坏了,他迫切需要一个有勇有谋的人去治理这个监狱。可是，究竟谁能够胜任呢？谁又愿意接这个烫手的山芋呢？

纽海波顿的劳斯似乎是个合适的人选，史密斯首先想到的就是他。他觉得，劳斯绝对有能力做好这件事。不过，劳斯也听说了这个监狱有多么可怕，也知道从事这项工作有多么危险，况且这份差事对他的政途没有什么益处，他实在不想接受委派。

史密斯何尝不知劳斯的想法，他微笑着说："没事的，年轻人，你的心情我很理解。确实，那里是个危险的地方，也是一份棘手的差事。但是普通人很难处理得好，那里需要的是一个大人物……"听到这样的话，劳斯的挑战欲望被激发了，他决定去那里工作，成为别人眼中不同凡响的人。

结果怎么样呢？劳斯成了著名的监狱长，还写了一部关于监狱的著作，成了为人们所称赞的大人物。他上了广播电台，还有人把做监狱长的传奇故事拍成了电影。他对于罪犯所实行的人性化管理，引发了很多监狱制度的改革。

事实上，每一个成功的人都不会排斥竞争，因为竞争能够体现出他们的能力和价值。如果你是一位女性领导者，你希望那些站在对立面或是不服管束的人赞同你，那就给他们一个良性的挑战吧！

主动认错，往往有意外之喜

贺巴特的文字里总是带着讥讽的意味，这使得一些人对他很反感。然而，不得不承认的是，贺巴特有一项特殊的本事，就算是一个敌人站在他面前，他也有办法让对方成为他的朋友。比如，有一些激愤的读者，给他写信批评他的作品，而贺巴特却总是这样答复他们："是的，我仔细想了想，连我自己也无法完全赞同。我昨天所写的，今天可能就不以为然了。我很想知道，你对于这个问题的看法。下次，你到附近来的时候，方便的话可以来我这里小坐，我会和你紧紧地握手以表示我的欢迎。"

试想一下：如果你是那些批判他的人。收到这样一封回信，你还能够说些什么呢？我非常欣赏这样一句话："用争夺的方法，你永远无法得到满足。可是当你谦让的时候，你得到的比你所期望的更多。"所以，女士们，如果你说的是对的，那就委婉地让别人知道你的观点；如果你真的错了，那也别执拗着，坦白地承认错误。这样你不仅能够得到别人的原谅，还可能赢得别人的欣赏。

Chapter4 你赢不了争论

我居住在纽约这个大都市的中心,从家步行不到五分钟,就有一个森林公园。每到春季,树林里野花盛开,马尾草浓密地生长,许多松鼠也来这里筑巢养育它们的孩子,风景怡人。我经常带着那条波士顿哈巴狗"雷克斯"到公园里散步。那是一条可爱的、驯良的小狗。因为平日里公园的人不多,所以我就没给雷克斯系上皮带或戴上口笼。

有一天,我和雷克斯在公园里看遇到一个骑马的警察。他看起来像是要跟我显摆他的威风,大声地朝我吼道:"你怎么能让小狗不戴口笼就在公园里乱跑?难道你不知道这是违法的吗?"我很温和地回答说:"我知道这样是不对的,但是相信如此温顺的小狗不会在公园里伤人。"

警察不理会我所说的,他的头颈昂得高高地,说法律才不会管人是怎么想的。他还说,雷克斯可能会咬伤这里的松鼠,或者咬伤这里的儿童。他表示,这一次可以宽恕我,可是下次就没这么好运了。如果再看到我不给雷克斯拴链子,不戴口笼,就要带我去见法官。我点了点头,答应遵守他说的话。

事后,我真的这样做了,但只遵守了几次。给雷克斯的嘴上套一个口笼,它很不开心,也很难受。我不愿意看到它痛苦的样子,所以我们决定冒冒险。最开始,风平浪静,什么事也没有。可是,次数多了,麻烦就来了。终于有一次,我又碰了钉子。

那天,我带着雷克斯跑到一座小山上。刚一抬头,就看见了一个熟悉的身影——骑马的警察。雷克斯这个小家伙走在我的前面,蹦蹦跳跳的,根本不知道发生了什么事,它还直接冲着警察那边跑去。我看到这情景,知道情况不妙。所以还没等那警察开口质问,我就直截了当地对他说:"警察先生,我愿意接受你的任何处罚。上次你已经警告过我了，要在公园里给小狗戴口笼，而我这一次，没有听你的话，我违法了。"

听到我这样说，警察的语气柔和了许多。他："哦……我知道在没有人的时候，带着一条狗来公园里转转，是一件很有意思的事。"我笑了笑，回应他说："是很有趣，但这是违法的。"没想到，那警察竟然开始替我辩护，说："像这样一条哈巴狗，我想它是不可能会伤害人的。"

我用认真的语气对他说："可是，它可能会伤害到松鼠。"警察对我说："我想，你可能把问题想得有点太严重了。如果你让那只小狗跑过山，别让我看到它，那么这件事就这样算了。"

警察也是普通人，内心也希望得到一种自重感。当我主动承认自己的错误时，他用一种宽厚的姿态来原谅我，就显示出了他的气度。当时，如果我跟他争辩，结果可能就真的会被带到法官那里。

我不与他争辩，承认是我的错，而他是完全正确的。我及时而真诚地承认了我的错误，我说了他本来想要说的话。而他替我辩解，这件事就圆满地解决了，大家都相安无事。

女士们，倘若生活中出现类似的事，而你已经知道自己一定会受到责备，那你何不先责备自己，找出自己的缺点，那样不是比别人批评你要好得多？在别人责备你之前，你赶紧找个机会承认自己的错误，替对方把他想要说的话说出来，他就无话可说了。

费丁南·华伦是一位商业美术家。他曾经遇到过一个粗鲁无礼的顾客，他就是用坦白承认错误的方式让那位顾客对他产生了好感。

华伦先生讲述了事情的经过：替广告商或者出版商绘画，最重要的就是一丝不苟。有些美术方面的编辑人员，总是催促我们快点做完他们所交来的工作。在时间紧迫的情况下，难免会出现一些小的错误。有一位负责美术方面业务的客人，总喜欢鸡蛋里挑骨头，每次离开他的办公室时我都特别沮丧。倒不是因为他批评了我，而是他挑毛病时的那种态度，简直让我无法接受。

"最近，我把匆忙中完成的一件作品交给了他。很快我就接到了他的电话。我走进他的办公室，不出所料，他一脸不高兴，看样子这下又要好好批评我一通了。我突然想起，在讲习班学到的自我批评法，所以我决定试试看。

"于是，我对他说：'先生，我知道你很生气，这全是因为我的疏忽，实在对不起。我替你绘画这么多年，早该知道您需要什么样的东西，所以，这一次我觉得很抱歉。'听到我这样说，他却一改常态，竟然开始替我辩解了：'虽说情况是这样的，可也算不上太糟糕，只是……'我打断了他的话：'不管坏的程度怎样，总是会受到影响，让人看了感觉讨厌……'他很想插嘴进来，可我没让他说，这是我平生第一次做自我批评，我觉得很不错。所以，我又说：'我以后会多注意，您平时一直关照我，我很感谢。你的确应该得到你满意的东西……这幅画我带回去，重画一张再给您。'他拒绝了，说不想那么麻烦。接着，他竟然开始称赞我了，还很真诚地说，只要在这幅画上稍作修改就行了。还说，只是一点细微的错误，不会让他的公司遭受太大的损失，让我别太放心上。

"我真的没想到，这个办法这么奏效。我坦诚地自我批评，竟让他怒气全消。最后，他还请我吃了一顿午饭。分别的时候，他签了一张支票给我，还让我帮他着手做一项新的任务。"

女士们，真希望你们能够用心记住这一点：有错的时候，勇敢地承认，这会让你令别人肃然起敬。

脸红脖子粗，办事难到哭

生活中，我们往往习惯与人争论不休，其实这样做没必要，也是错的。与人争论的时候，你是不可能获胜的。如果你争论失败了，那你显然就是失败了；如果你胜利了，那你只是口头上占了上风，而你们之间的感情却破裂了。这样的结局，依然是失败的。所以，千万不要与人做无谓的争论。我希望，各位女士能够牢牢记住这句话，因为它将对你们的人生有很大的益处。

一次培训课上，丽莎哭着找到我说："卡耐基先生，我跟我的好友吵了一架，她现在不搭理我了，我心里很难过。"我详细地询问了一下情况，才知道她们两个人因为一点小事争论了半天，最后竟然吵了起来。我一边安慰丽莎，一边告诉她："以后，不管遇到什么事，都不要与人争论，因为这是没用的。"

之所以这样劝慰丽莎，是因为我曾经有过类似的经历。年轻时的我，也是一个固执的辩论者。我经常和朋友们争论世间的各种问题。上了大学之后，我潜心研究逻辑和辩论术，还加入了学校的辩论协会。我希望自己可以在辩论中超过所有人，还不断地寻找机会，向别人发出挑战。可是，当我慢慢地成熟之后，便不那么做了，也不太喜欢去辩论了。因为我知道，全天下能够得到辩论最大利益的办法只有一种，那就是避免辩论。

这番经验教训，是我在一次宴会之后总结出来的。十几年前，我受邀请参加了一个宴会。原本，大家在宴会中聊得都很开心，其中一位朋友还讲了许多有趣的事。在讲故事的时候，他说了这么一句话："不管我们如何粗俗，有一位神，就是我们的目的。"他非常自信地说，这句话是《圣经》里的一句名言。

但是据我所知，这句话出自莎士比亚的一篇文章。当时，我想都没想，当着众人的面指出了他的错误："您说得不对，这句话出自莎士比亚的戏剧，而不是出自《圣经》。"我又拿出了那种与人辩论不休的姿态，当即与他争论起来。然而，让我觉得烦恼的是，我虽然知道自己是对的，却不能当场拿出莎士比亚的书作为证据。看着对方死不认错的样子，我简直气坏了，真想给他泼一盆凉水，让他好好清醒一下。

这时候，我突然想起我的老朋友加蒙先生。他刚好也在场，他多年来一直研究莎士比亚的作品。为了让对方信服，我便问加蒙先生，让他说说我们究竟谁对谁错。加蒙先生在桌子底下碰了碰我的脚，然后说道："戴尔，是你错了，这句话是《圣经》里面的，而不是出自莎士比亚戏剧。"

我真的很懊恼，不知道加蒙先生为何说谎。宴会结束后，我便问及缘由。加蒙先生点了点头说："我知道，那句话出自《哈姆雷特》第五幕第二场。可是，戴尔，我们是被邀请参加宴会的客人。

你为何要当面指出对方的错误，还跟他争论呢？你觉得这样做，对方会很喜欢你吗？况且，他已经认定了那句话出自《圣经》，你想说服他根本不可能。你越是与他争辩，他越是相信他没错。戴尔，我希望你记住，永远不要与人发生正面的冲突。"

我很感谢加蒙先生给我上了如此重要的一课。这件事之后，我意识到了自己的问题，并努力改正。我也发现，与人争论真不是好事，除了让你和对方都恼羞成怒外，没有任何益处。

富兰克林曾经说过一句话："如果你喜欢辩论，有时候你或许会获胜，但这种胜利是非常空洞的，还会令你失去对方的好感。"女士们，请记住这番话，它能让你受益一生。如果你想要短暂的、口头的、表演式的胜利，那就去争论；若是想要获得对方的好感，那就闭口不言吧。

一次，有个青年军官与同僚之间发生了口角，林肯听闻后，严厉地批评了那位青年军官。他说："一个人如果想要成功，就不能偏执于自己的成见，也不能过分地炫耀自己。你要学会控制自己的情绪，也要学会放弃。与其跟狗争夺路权而被它咬伤，还不如当时就让一让它。事后，就算你可以把狗杀死，你的伤口也不能马上愈合。"

林肯的话一点儿都没错。争吵无法给自己带来任何好处，只会让自己活在愤怒之中。那些真正成功的人，向来都不喜欢与人争论。因为他们深知，这是一种无趣且无益的行为。

维纳小姐是一位汽车销售员，她没上过什么学，但遇到事情总喜欢与人争论。上班的时候，如果有顾客对她推销的车辆表示不满，她会立刻跟对方展开争论，说对方的看法是错的。在争论中，她赢过很多次，可那也只是片刻的高兴。因为到目前为止，她一辆汽车也没有卖出去。

后来，维纳小姐参加了我的培训班。她向我求助，说希望能够培养出一副好口才，成功把汽车卖出去。听闻她的情况之后，我没有教她怎样说话，而是让她学会怎样保持谦和的姿态，不再与客户争执。经过一段时间的训练之后，她和以前大不一样。现在，她已经成了公司里的销售明星了。

从维纳小姐的故事可以看出，与人大声争论不能给自己带来任何益处。就算你说的是对的，对方也不可能听你的；可当你保持沉默，尽量不与对方发生冲突的时候，对方反而能够听进你的意见。

Chapter5
意见不同时，教你轻轻松松说服他人

如果你用强硬的手段让他人接受你的理论，那是令人屈服而不是使人信服。他为什么不信服？因为他不了解。所以要是对方自愿，关键在于使他人了解你的理论。

——戴尔·卡耐基

伤什么不能伤自尊，
错误再多也要间接提

一天下午，查理斯·施瓦布到他的钢铁厂视察工作。途中，他看到一些员工在吸烟，而他们所待的地方明明挂着"禁止吸烟"的牌子。换作常人，可能会过去冲着员工们吼道："你们没看见这个标志吗？"然而，施瓦布却没有那么做。

施瓦布径直地走了过去，给在场的每个人都发了一只雪茄，然后说道："小伙子们，如果你们离开这里抽烟的话，我会非常感激。"这些员工也意识到自己犯了错误。同时他们都很敬佩老板，因为他不仅没有斥责他们，还让他们觉得自己没有被人轻视。

女士们，我想，如果你遇到施瓦布这样的领导，你肯定也会对他心生好感。

罗德岛州的麻吉·雅各布，曾找了一些工人帮他做木工活。这些工人刚做了几天，雅各布就发现了问题。他们每天下班后，院子的草坪上被他们弄得到处都是木头的残屑。可是，他又不好意思直接说，因为那些工人做的木工活真的很好，他不想引起工人的不满。

所以，当工人下班离开之后，他和孩子们亲自打扫了草坪上的木屑。

第二天早上，雅各布找到工头，说他们的工作做得很好，很感谢他们昨天离开时把草坪清理干净。结果，从那天开始，工人们每天下班之后，都会主动打扫锯木屑，工头更是认真，还亲自检查，不想辜负雅各布的夸奖和信任。

女士们，你们可能也发现了这一点：间接地提醒别人的错误，往往比直截了当更加有效。特别是一些内心比较敏感的人，旁敲侧击地对他们说话，不会刺激他们，也不会引发他们的不满和怨怼。

约翰·瓦纳马克是费城最大的百货公司老板，每天他都会到百货公司看看。有一次，他发现一位顾客在柜台外面等着买东西，可售货员却不知道去哪儿了。最后，瓦纳马克看到，那几个售货员全都挤在远处的一个角落里闲聊，有说有笑的。瓦纳马克没有说什么，他自己走到了柜台后面，亲自招呼这位顾客。接着，他让售货员把顾客选定的商品拿去包好，然后就离开了。

前面我们说过，先扬后抑的批评方式，容易令人接受。不过，生活中总有人喜欢用"但是"这个转折词以过渡到对他人的批评。比如，为了让一个小孩做事认真一点，我们可能会说："你最近进步了很多。但是，如果你在数学方面再专心一点的话，就更好了。"

小孩子听到"但是"这样的字眼，就知道自己要被批评了。这时候，他会觉得家长不是想真心表扬自己的进步，这不过是一种假象，一种铺垫，批评才是他们要说的重点。如此一来，对孩子的那些表扬之词就没什么用了。

换一种方式，如果我们把"但是"变成"而且"，可能就会不同。比如："我真的想好好表扬你，因为你这学期的进步很大。而且，如果你在数学方面再用心一点的话，会比现在更好。"这样的表扬，小孩就更容易接受，因为没有明着批评他。

再来说一件间接指出错误的案例。关于发型的问题，在很长一段时间里，都是美国军队预备役士兵和教官之间的矛盾点。预备役士兵觉得，他们仍然保留着市民的身份，不应该剪那种难看锅盖头。所以，对于部队领导让他们剪头发，他们很不满。为了缓解这个矛盾，部队派美军士长哈利·恺撒受命来做调和。当时，他正在训练一群预备役军官。

按照以往，遇到类似的事情，军士长肯定是大吼大叫，要么就利用威胁的方式让士兵剪发。不过，哈利·恺撒没有这么做，他对士兵们说："各位绅士们，你们是领袖，未来也会是很好的典范，成为后人仰慕的对象。现在，我的头发比你们很多人的头发都要短，可今天我还是要去剪。你们知道部队对头发的要求，我身为军士长，一定要让自己达到模范的标准。现在，你们可以对着镜子照一照，看看自己的头发是否达标了。如果有人愿意剪发的话，我会安排时间专门带你去理发店。"

这番话一说完，很多士兵都主动去了理发店，按照部队的标准剪了头发。第二天，恺撒在训练时说，他在自己的部队里，已经看到了很多标准模范。无疑，这是给接受上级命令的士兵们的赞许，也是对还没剪头发的士兵们的激励。

雄辩家亨利·沃德·比切在1887年3月8日那天去世了。第二个周末，牧师莱曼·安博特受到邀请，在比切的葬礼上做致辞。为了做到最好，他三番五次地修改稿子，最后，还让妻子为他的悼文把关。

妻子看过后，发现这篇悼文跟绝大多数悼文差不多，并不是很出彩。可是，能够直截了当地告诉他吗？说这悼文一点儿都不好？说他布道这么多年，写出这种没有内涵的东西，会让自己都跟着丢脸？太可怕了，如果这些话一出口，她真的想象不出会怎么样。

她打消了直接批评他的念头，而是轻轻地说："如果这篇悼文发表在《北美文化批评》上，反响应该会很不错。"她这句话，一语双关，既赞扬了这篇文章，又暗示作为一篇悼文它不太合适。莱曼·安博特也发现了这个问题，他把稿子扔到了一边。在亨利·沃德的葬礼上，他几乎什么稿子都没用，向人们说起他认识的亨利，顺利地完成了布道，感染了许多人。

间接地给他人指出错误，比直截了当地指出错误，更加委婉，也更容易令人接受。一个温婉而睿智的女人，必须要懂得这个道理，并把它用在生活中。这样的话，不仅可以帮助你轻松地说服他人，让他们改正错误，还能给人留下有修养的好印象。

给别人一个台阶下，做真正的淑女

生活中，我总是在强调这样一个观点：就算有些事真的是别人的错，可我们若仗着自己是对的，就不顾对方的面子，很有可能会毁掉那个人。更糟糕的是，这样做的话，不仅无法让我们达到预期的目标，还可能会适得其反，带来不必要的麻烦。

沃德将军曾经担任教官，负责训练新兵。一天，他开着吉普车到新兵营巡查，恰好看到一位士兵跟女朋友牵手散步。看样子，那位士兵并没有看到他，只顾着和女友谈笑风生。等他的车子经过时，那位士兵又弯下腰来系鞋带。

沃德大概知道是怎么一回事了，他停下车，叫住了那位不懂军规的士兵。他问："小伙子，你真的没有看见我？"那位士兵有点心虚，知道瞒不过去，就坦白承认说他其实早就看到了沃德将军。

沃德又问："既然你看见我了，为什么还故意蹲下来系鞋带，而不向我敬礼呢？"

士兵觉得很尴尬，不知道怎么回答。他看了一眼自己的女朋友，略显委屈地说:"将军,如果换作您是我,在跟女朋友散步,您会怎么做?"沃德被士兵逗乐了,他轻松地回应:"我会跟她说:'等我一下,我先去给那个老家伙敬个礼。'"士兵听了之后,一扫刚刚的阴霾,笑着给沃德将军敬了一个礼。沃德将军表现得也很大度,没再多说什么,回敬了一个礼之后,就开着车走了。

沃德将军很理智。如果他当时冲着那位士兵大吼,指责他的错误,说他不该那么无礼,不尊重自己,士兵虽然会照做,给他敬礼,但那只是表面的敬重,他心里很可能从此结下疙瘩,因为沃德将军让他在女朋友面前丢了脸。幸好,沃德将军没这么做,他委婉而又幽默地指出了士兵的错误,还告诉他该怎么做,保全了他的面子。这样的将军,怎能不受人爱戴?

乔士得是俄克拉荷马州一家工程公司的安全检查员,他每天的工作就是到工地上检查工人们是否佩带了安全帽。一开始,他看到有人不戴安全帽,会满脸怒气地走到对方跟前,直接命令他们立刻戴上。然而,这种方法似乎没什么用。工人们对他只是表面的服从,当着他的面时会戴上安全帽,可他离开之后,工人们该怎么样还怎么样。

乔士得反思了一下,发现自己的做法可能不太妥当,便决定换一种方式。当他再看见有工人没戴安全帽时,他不批评了,而是微笑着问对方:"是不是安全帽戴着不舒服呀?帽子的大小合适吗?"接着,他会告诉工人们,安全帽对于在工地上工作的人而言有多么重要,还讲述了很多案例,希望他们多为生命安全考虑,戴上安全帽。果然,工人们都听取了他的建议。

同样一件事,不同的做法,得到的就是不同的结局。指责和命令的态度，没有人喜欢，乔士得之前就没有意识到这一点，总是强势地命令工人去做什么，工人们心里很抵触，当然不愿意听他的话，这也是他工作失败的主要原因。后来，乔士得变了，把指使的态度变成了关心，工人们心里很受触动，也就自发地改变了。

这不是什么稀奇的事，在我身边也发生过类似的故事。

有一年夏天，我跟一位朋友开车到法国的乡下游玩，谁知途中迷了方向，无奈之下，我们只好把车停在路边，向一群当地人问路。我的朋友平日里是个大大咧咧的人，他直接朝着那些人走去，用特别大的嗓门吼道："喂，到××镇怎么走？"

不一会儿，我的朋友沮丧地回来了。他跟我抱怨说，这里的人一点都不友好，还粗鲁无礼。身为旁观者，我当然知道是怎么回事。我微笑着向那些农民走去，摘下帽子，很客气地对他们说："我遇到了一个麻烦，需要你们帮个忙。请问，到××镇怎么走？"他们很热情，详细向我描述怎么走。他们说完之后，我礼貌地向他们道谢，他们还热情地邀请我去他们家里做客。因为着急赶路，我婉言谢绝了，说下次有机会的话再去。

回来之后，我的朋友很惊讶，同样是问路，问的还是同样的人，为什么两个人的待遇截然不同：一个受到欢迎，一个遭到排斥？我只告诉他一句话："没有人喜欢听人指使。"

那种没有礼貌的语气和态度，让人听起来很不舒服，他们觉得你是在发号施令。这个世界上，没有一个人愿意听从别人的指使，也没有一个人喜欢被别人告诉他该做什么。不要怀疑，这是人类的天性。

很多时候，当我们在说服一个人的时候，听上去往往像是在指使别人应该怎样做。这些语气都带着命令和强迫的味道，可我们又不具备指使他人的资格。换句话说，他们没有理由听从我们的指使。就算我们拥有一定的权威，也不意味着可以那样说话。比如，我见过很多领导者都喜欢指使下属做事。他们似乎很喜欢用这样的方式突显自己的领导地位，丝毫没有意识到这样做有什么不妥，也没有关注过下属对此的反应。

女士们，我希望你们明白，在这种尖锐对峙的情况下，最好的办法就是维护对方的尊严，换一种方式指出他的错误，引导他该怎么做。要知道，用建议代替指使，别人会更信服你；用请求代替指使，别人会更乐意去做；用商量代替指使，别人会主动请缨；用赞美代替指使，别人会用行动来证明你所讲的是对的。既然指使毫无益处，又有这么多的方法可以代替指使，那何不让自己换一种更有效、更受人喜爱的方式呢？

既然非得找个理由，
你为什么不找个漂亮的

1915年，欧洲各国都被卷入了战争的漩涡中。可以说，在人类战争史上，这样大规模的战争也是罕见的。当时，没有人知道，什么时候才能够安稳下来。不过，伍德罗·威尔逊总统，一直没有放弃为和平而努力。面对激烈的战争形势，他打算派一位大使到欧洲，与那些军阀们进行商谈。

身为国务卿的布莱恩，同样也是一个爱好和平的人。他知道，这项任务是一个功在千秋、流传后世的大事。所以，他主动请缨担当这个大使。不过，威尔逊总统没有答应，而是把这个任务交给了爱德华·豪斯上校。要知道，豪斯和布莱恩是好友。

豪斯上校在日记中写道："当布莱恩得知和平大使不是他而是我的时候，他很失望，很生气。我只能这样跟他解释：总统觉得，派一个政府要员去处理这件事，似乎不太妥当。如果你去了那里，世界各国都会予以关注，到时候，他们肯定会胡乱猜测：美国政府派一个国务卿来参与这件事，到底有什么目的呢？"当然，布莱恩也读懂了这句话中隐藏的意思，他知道豪斯上校是在暗示他，他的职位有多么重要。所以，布莱恩此后对于这件事，没有一点儿怨言。

可以说，豪斯上校完全具备了外交家的风范。更重要的是，他深谙人际交往中的一条真谛——让人乐意去做你所提议的事。

威尔逊总统在说服麦克亚杜做他的阁员时，用的也是这样的方法。威尔逊给了他最高的荣誉，让他切身地感受到了自己的重要性。对于这件事，麦克亚杜是这样说的："威尔逊总统告诉我，他正在组织内阁，如果我能够出任财政部长一职，他会非常高兴，说我简直是帮了他的大忙。这样的话从他嘴里说出来，令人很开心。"

我有一位朋友，算得上是一个名气不小的演说家，他经常受人邀请去做演讲。邀请他的那些人，大都是一些社会上比较有地位的人，或者是他的挚友。不过，有时他因为某些原因，无法答应他们的邀请，只得拒绝。然而，在拒绝对方的时候，他的措辞非常精妙，令对方听过之后不会感到沮丧和失望。

他从来不会直接说自己没有时间，而是先感谢别人对他的邀请，然后为自己不能前去而表示抱歉；紧接着，他又会推荐其他可以替代他演说的人，比如："我想，你可以试着邀请我的朋友洛格斯编辑，或是那位那巴黎住了十五年的伊考克先生，他们都是非常不错的人选。"如此一来，既给了对方面子，又真正解了对方燃眉之急。

我的朋友斯卡斯代尔夫人，有段时间非常苦恼。她家里的草坪总是被那些顽皮的孩子们踩坏。她想了很多办法，劝告、说教、吓唬，可惜都没有用。后来，她在孩子群中找到了最调皮的那个，给了他一个"草地维护小天使"的名衔，让他帮自己赶走那些践踏草地的孩子。有了权威感和使命感之后，那个孩子果然很听话。他在后院点了一堆火,把一条铁棍烧得通红,恐吓那些小孩说,谁要是敢闯进草地,他就要用铁棒烫谁。

也许,你觉得这些方法不太可行,甚至有点幼稚。可我要说的是,千万不要轻视它的作用,因为就连拿破仑这样的伟人,也曾用过这样方法。

在训练荣誉军的时候,拿破仑曾给士兵们颁发过一千五百枚荣誉徽章,还称呼他的十八位将军为"法国大将",说他的军队是"最伟大的军队"。有人说拿破仑像个孩子,太幼稚了,拿一些玩具哄那些军人。对此,拿破仑不以为然,他微笑着说:"没错,人有的时候就是会被玩具所控制。"结果怎么样呢?那些被赠予权威的士兵们,备受鼓舞,在战场上表现得英勇非凡。

女士们,看到这里我想你们应该懂得了,如果你想改变一个人的意见,又不想惹他不高兴,那你就要想办法,给他们一个甜枣,让他们乐意去做你所提议的事。

批评之前先自批，对方才会没敌意

如果想要批评别人的错误，就要先从自己身上找错误，进行自我批评。要谦虚地承认，自己在很多方面做得还不够好，然后再用真诚而委婉的话，指出对方的错误。这样的批评方式，别人就很容易接受，而不会对你心生反感。

早在1909年，精明的波恩哈德·范·布洛亲王就已经在用这样的方法了。

德皇威廉二世在位时，非常狂妄，一直盲目扩建军队。不仅如此，他还做了一件荒唐的事。他说了一些非常荒谬的话，还让《每日电讯》把这些话刊登在报纸的头条上。一时间，整个欧洲乃至全世界，都为他的出言不逊感到震惊。

他说了什么呢？他说："我是唯一一个感觉英国是个友善国家的人，我正在扩建海军，以此对抗日本的威胁。唯有我才能让英国摆脱俄罗斯和法国的欺压。英国的罗伯特爵士之所以能在南非战胜荷兰人，也全是仰仗着我的计划。"

欧洲一百多年的和平期内，从来没有哪位国王说过这样的话。整个欧洲一片哗然，英国更是气愤不已。德国国内的许多政治家，也没想到威廉二世会出此狂言。一时间，谴责声像大海的浪潮那般汹涌地袭来，这时，威廉二世才意识到自己犯了大错，心生恐惧。情急之下，威廉二世竟然辩解说，这一切全是布洛亲王的主意，是他让自己说出那样的话的。

当时的布洛亲王，是德国的帝国议会议长。他心里很清楚，威廉二世是想让他来背黑锅。布洛亲王很生气，他对威廉二世说："我的殿下，我想无论是德国人还是英国人，他们都知道，我根本不可能让您说出那样的话。"刚一说完，布洛亲王就后悔了，他知道自己犯了一个极大的错误。

果然，威廉二世大发雷霆，声嘶力竭地吼道："你把我当成蠢驴吗？你都不会犯的错误，我怎么可能犯呢？"布洛亲王意识到，他应该先说一番称赞的话，再委婉地指出德皇的错误。于是，他赶紧进行补救，开始赞扬起威廉二世来，以挽回刚刚的局面。

他说："殿下，我发誓我从未这样想过。您在很多方面都比我优秀，不仅是在军事，还有自然科学方面，您都比我强太多了。每次谈论气象、无线电知识，我都觉得很羞愧，我在您面前显得太无知了。我对物理、化学更是一窍不通。我只了解一点关于历史方面的东西，而这些东西刚好在政治方面有点用。"

布洛亲王真诚地赞赏了威廉二世，抬高了他，又贬低了自己。这时，威廉二世脸上的阴郁才渐渐散去，浮现出一丝微笑。威廉二世兴奋地说："我不是总对你说吗？我们两个人之间，是相辅相成的关系。我们一定要团结起来，而且我相信，我们会团结一致。如果谁敢在我的面前说布洛亲王的坏话，我一定会把他的鼻梁打断。"说完之后，他还跟布洛亲王握了握手。

像布洛亲王这样的外交行家，居然也会犯错，可见为人处世并不是一件容易的事。他错就错在，不该一开始就说德皇的不对，暗示他考虑问题不周全，总得依靠别人。他若是先谈论自己的不足，来反衬出德皇的长处，再巧妙地说出问题，就不会惹得威廉二世恼羞成怒了。幸好，他后来意识到了这一点，并及时进行了挽救。

约瑟芬·卡耐基是我的侄女，三年前从一所中学毕业，没有任何的工作经验。后来，她到纽约做秘书，当时的她也只有19岁。有时我实在忍不住想要批评她，可我还是不断地提醒自己："保持冷静，戴尔。你比约瑟芬大20岁，你的工作经验比她丰富得多，你怎么能要求她在为人处事和工作上跟你一样呢？戴尔·卡耐基，你一定要保持理智。回想一下自己在她那个年纪的时候，你在做些什么？你难道就没有犯错误吗？"

冷静了之后，我找到约瑟芬对她说："约瑟芬，你在这儿出了一点小问题，不过没关系，我之前犯的错误，比你这个小失误严重多了。我在你这个年纪的时候，做了很多愚蠢的事，现在回想起来，都觉得不敢相信。你并不是一生下来就能做所有的事，很多东西都要靠后天的学习和训练，你现在已经比我那个时候强很多了。我并不是要批评你，只是觉得，如果你换一种方式来做这件事，效果可能会更好。"

自那以后，每次当我想要提醒约瑟芬不要犯错的时候，我总是会当面把她的优点统统夸奖了一遍，说她比我年轻的时候能干多了。我还表示，自己心里觉得很抱歉，没有给予她足够的重视和帮助。

事实证明，这样的方法很有效。现在，她已经是苏伊士运河以西最出色的一名秘书了。

我们再一起来看看马里兰州卡拉伦斯·若尔胡逊的故事。

有一天，若尔胡逊发现他的孩子在偷偷地吸烟。要知道，那孩子当时只有15岁。他对我说，他不希望自己的孩子接触烟草，可他和太太都吸烟，所以给孩子带来了负面的影响。他详细地给儿子解释，说他从什么时候开始抽烟，解释尼古丁是如何毁掉了他健康的身体。他还告诉孩子，他现在非常希望能够戒烟，只是已经太迟了。他还强调了自己在咳嗽时的痛苦。听到若尔胡逊这样说，他的孩子知道了吸烟的危害，以后就再也没有吸烟。

提及这件事，若尔胡逊就说："我没有责备他，也没有吓唬他。我只是把自己现在的所有感受都告诉他，让他知道烟草给人带来的痛苦。同时也提醒他，当他上了年纪之后，烟草会给他带来许多疾病。我说完之后，他想了想，决定不再吸烟。而且，那次和儿子谈话之后，我也决定戒烟。最后，在家人的支持和帮助下，我也成功地戒烟了。"

如果用几句话贬低自己，褒扬别人，就能够让暴躁发狂的人冷静下来。如果能够让犯了错误的人，能够及时地发现并改正，那么自贬和谦恭就是一件非常有意义且值得去做的事。我希望，生活中每一位女士都能够做到这一点：在批评别人之前，先批评自己。

将心比心，才能让人侧耳倾听

很多女士在说服他人时，习惯用冰冷尖刻的语言。事实上，要说服他人，强词夺理是行不通的，这样做只会激怒对方，让事情朝着更糟糕的方向发展，唯有用真情实感去打动对方，才有可能得到想要的结果。

有句谚语说得好："不看你说什么，只看你怎么说。"同一个意思，不同的人有不同的说法，不同的说法有不同的结果。与人交往时，无论遇到什么情况，都要该用"诚"与"情"两个字去对待别人；如果语言太过直接，往往会伤害到他人的自尊。

在这里，我希望女士们记住一点：真诚，就是要时刻与人为善，不仅是在顺境中要如此，身处困境的时候，更要拿出自己的真诚，让对方感受到你的情意。

可能有些女士会问："卡耐基先生，我到底要怎么做才好呢？"在这里，我要给女士们强调一下运用真情实感打动他人的技巧和使用方法，希望能够给你们带来切实的帮助。

首先，你要以情动人，不必讲过多的大道理。著名宣传理论家埃柳利说："单靠理性论据去说服别人，不仅麻烦，还不一定奏效。你应当发挥情感的效用，它的影响更加直接。这个过程中，不一定非要有合理的论据。在这种情况下，动之以情就够了，不需要所谓的晓之以理。

南北战争的时候，由罗伯特·李将军率领南部邦联军队作战。有一次，他在南部联邦总统杰斐逊·戴维斯跟前，赞美了他属下的一位军官。在场的另一位军官非常惊讶，因为他知道，李将军刚刚赞赏的那个人，是李将军的死敌。李将军是这样解释的："没错。不过，总统问的是我对他的看法，不是他对我的看法。"

很快，李将军的话就传到了那位军官的耳朵里，他改变了对李将军的成见。结果，李将军赢得了这位军官的信服和支持。

人是有感情的高级动物，真正铁石心肠的人并不多见。在与人交谈时，想要劝说别人接受自己的观点，或者寻求对方的帮助时，就要以诚感人，以情动人，这样做的话，能够大大增加成功的几率。

其次，你要以情服人，引发对方的共鸣。所谓动之以情，就是要直接激起人的情感反应，拨动对方的情感之弦，引发情感上的共鸣。一般来说，人类本身都有一些心理积淀，只要在适当的时候触动这些心理积淀，唤醒对方原有的心理感应，就能引发共鸣。

美国经济大萧条时期，一位女孩费了好大的劲才找到一份在高级珠宝店做售货员的工作。圣诞节的前一天，店里来了一位顾客，看上去他并不太富有，大概25岁左右，身穿一身破旧的衣裳，满脸阴郁。他死死地盯着那些高档首饰。

有人给女孩打了一个电话，她因为着急，不小心碰翻了一个碟子，六枚精美绝伦的金戒指掉在了地上。女孩赶紧蹲下来捡，可她只找到了其中的五枚，第六枚不知所踪了。这时，她留意到那个年轻人，他正朝着门口的方向走去。男子刚要走出门时，女孩拦住了他，轻轻地说道："对不起，先生。"男子转过身来，看着女孩。他们谁也没有说话，对视了大概有一分钟。

男子看起来有点紧张，脸上的表情很僵硬，他问："有什么事？"女孩一时间呆住了，竟然不知道该说些什么。男子又问："你到底有什么事？"

女孩突然间显得很伤感，她说："先生，这是我的第一份工作，现在经济危机，能有一份工作真的很不容易，你说是不是？"男子看着女孩，片刻之后，脸上浮现出一丝微笑。他点点头说："的确如此。不过我敢打赌，你会在这里做得很好。"

女孩问："我能够和您握握手，为您祝福吗？"男子迟疑了一下，然后走向前，把手伸给女孩。而后，她看着男子走出了门口。她转身走向柜台，手里握着第六枚戒指。

男子偷走了戒指，最后却心甘情愿地交给女孩，全在于女孩尊重和理解他，提起"找一份工作很难"，引发对方的情感共鸣。

女士们，你们都看到了吧？那些真正的口才高手，在说服别人的过程中，都很重视情感。而那些缺乏感情的、冰冷的话，往往都不能打动对方。所以，在说话的时候，要记得给你的语言加上一点感情，让它给你带来奇迹。

多用善语宽心，别用讥讽添堵

曾经，我找了一名室内装修设计师，让他为我的房子装一些窗帘。完工之后，他寄来了账单，说实话，我没想到会花费那么多钱。

几天以后，一位朋友到我家里做客，看到了新装的窗帘，并询问了价格，然后她用一种类似幸灾乐祸的口气说："哎呀，这太离谱了。我想你被骗了！"其实她说的没错，我也知道自己被骗了。可就算如此，我也不想听到别人说这样的话，这无异于在侮辱我的判断力。

于是，我开始为自己辩解："便宜没好货，好货不便宜，一分钱一分货，想要花低价格买到高品质又富有艺术特色的东西，哪有那样的好事？"

第二天，又一位朋友来我家拜访，她说我的新窗帘很漂亮，还说她也想给家里换上这样的窗帘，她的言语和表情都表现出了她内心的喜爱之情。这一次，我的反应大不一样，我告诉她："为了这些窗帘我花了不少钱，现在我有点后悔了，因为我可能买贵了。"

事情就这样奇怪，自己犯了错误时，如果对方用友善的方式指出来，我们可能会向他承认，并为自己的坦白和直率感到骄傲。可如果有人直接用难听的话说出来，我们却无法接受。

卡尔·罗杰斯是一位有名的心理学家。他曾经写过一本书叫作《如何做人》。我想，引用他书中的一段话来说明这个问题，再合适不过了——

"有必要让自己了解他人吗？我想说，非常有必要。从别人那里听到一个消息时，我们的第一反应往往就是对它进行判断和评估，而不是试着去理解它。当有人表达他的感情和想法时，我们脑子里会马上出现类似的判断，'他说得对'、'真是太笨了'、'这正常吗'、'这是真的吗'、'显然是错的'、'这不可能'等等，根本没有想过去理解他说的话到底是出于什么目的，又有着怎样的感情。"

的确，大多数人都会被先入为主的观念误导，会带着主观色彩和偏见看待一些人和事。而且，大多数人都很固执，不愿意改变自己的信仰和习惯。如果你说他错了，那么，你就犯了一个错误。我想，你应该看看詹姆士·哈维·鲁宾逊写的《创造中的心灵》。它里面有一段值得深思的话："有时候，我们在冲动和热情的作用下，会很愿意改变自己的想法；如果被告知犯了错误，我们往往会坚持己见，甚至怨恨对方。换句话说，我们会在不知不觉的情况下改变某种看法，可如果有人站出来指正我们时，我们就会习惯为自己辩解。其实，也不是这些观念有多重要，而是我们感觉自尊心受到了威胁。我们不喜欢别人说我们的手表不准，汽车太旧，也不喜欢别人说我们不懂得天文地理。总而言之，任何无端的指责我们都不喜欢。我们习惯相信那些习以为常的事，当它们被人质疑时，我们会产生反感，并找出各种理由和借口来为它们辩护。"

将心比心，自己不喜欢的方式，就不要用在别人身上。讽刺和谩骂是没有意义的，惹得别人不高兴，结果换来的就是不受人欢迎。

所以，各位女士朋友，如果你们想给对方提意见，或者想对某件事发表你的看法，希望对方能够被你说服，那你千万记得收起那些尖酸刻薄的语言，试着用平和而尊重的姿态去告诉对方。你体现出一种亲和友善，对方在听到这样的话之后，也乐意向你坦白承认他们的错误，并接纳你的建议。

万事开头"易",
进步是鼓励出来的

女士们,如果你直接对孩子、丈夫或是某个员工说,他在某件事上犯了错误,他的做法完全不对,那你肯定会伤害到他的积极性,让他丧失继续做下去的兴致。

相反,如果你多给对方一点鼓励,把事情说得简单容易一点,让他们感受到你对他的信任,让他知道自己还有尚未发挥出的才能,那么他就会付出最大的努力来争取这个胜利。

不管你信不信,我的一位朋友就用这样的方式获得了成功。

他是一个40岁的男人,他的未婚妻希望他能学习跳舞,可这件事对他而言或许已经太晚了。可是他完全没有这方面的基础,现在会的舞步还是20年前学的。

他特意请了一位舞蹈老师。没想到,那位老师说他的舞步完全是错的,必须要从头学起。他知道,老师说的可能是实话,可那依然让他觉得很沮丧。他没办法继续学下去,只好把老师辞掉了。之后,他又请了一个老师。这个老师说,他跳的舞步有点旧式,但基本步子没问题，还说他很快就能轻松地学会几种流行的新舞步。或许，这位老师讲的不是真话，可他却很喜欢听。

第二个老师在他后来的学习中，一直称赞他，纠正了他在舞步上的错误。她非常肯定地告诉他："你有一种很自然的韵律感，可以说，你具有跳舞的天赋。"他心里很清楚，自己充其量就是个不入流的业余舞者。可在他心里，却很希望老师说的是真话。

讲到这里时，他对我说："也许，她是因为拿着我付的学费才那样说的。可不管怎样，我现在所跳的舞步，要比她还没有说我有一种'很自然的韵律感'那句话之前，要好很多。我真的很感激她。她那句话鼓励了我，给了我希望，让我愿意主动去改进我那错误的舞步。"

其实，第二位舞蹈老师所用的方法，就是鼓励。人类关系学大师汤姆士，是一位伟大的艺术家，他也经常会运用这样的办法，来成全别人。下面，是我亲身经历的一件事，希望能给各位女士们带来启发。

那是一个周六的晚上，我和汤姆士夫妇在一起，他们拉我一起玩"桥牌"。说实话，我对"桥牌"没多少了解，它就像是一个谜，而我一点儿都不懂。所以，我只能坦白地告诉他们我不会玩。

然而，汤姆士却告诉我说，玩桥牌根本不需要什么技巧，只要用点记忆力和判断力就可以了。他还说，我曾经写过一篇关于记忆的文章，所以对我来说，桥牌很容易学。我相信了他的话，把桥牌当成了一项简单的游戏。坦白说，那真的是我平生第一次坐在"桥牌"桌上。

说起"桥牌"游戏，我马上就想到了一个人，他就是克白逊。

这个名字在玩"桥牌"的场所里，几乎人人都知道。他写的有关"桥牌"的书，已经译成12种语言，在世界各地发行，销量绝不低于100万册。我玩桥牌的经历，就跟他当年的经历差不多。他曾经告诉我，是一个年轻的少妇说他有玩"桥牌"的天赋，这才让他燃起了对桥牌的兴趣。

事情大概是这样的：1922年，克白逊来到美国，他本来是想做个讲师，教授哲学或是社会学，结果却没能实现。后来，他开始去卖煤，结果又失败了。他还替别人卖过咖啡，可依然没成功。可不管怎样，当时的他绝没有想过自己会跟"桥牌"扯上关系，他根本不是一个精于玩牌的人，而且还很固执。他总是问别人一些很麻烦的问题，所以很少有人愿意跟他一起玩牌。

一次偶然的机遇，他遇到了狄仑女士，一位美丽的桥牌老师。克白逊与她相爱了，并且结了婚。当时，狄仑发现了一件事：克白逊总是很认真地分析自己手里的牌。她对克白逊说："你很有玩'桥牌'的天赋。"这句话刺激了克白逊。他相信狄仑所说的，后来潜心研究"桥牌"，最终成为了一名职业玩家。

女士们，如果你想要激起他人的信念，却又不想引起对方的反感，或者触犯他们的尊严，不妨用鼓励的方式去表达你的想法，让对方觉得做到一件事并不难。如此一来，他们会充满信心和勇气去做那件事。

多给别人戴帽子，办事才能少碰刺

雷布利克在《我和梅脱林克的生活》一书中，写过一个比利时女佣：

"隔壁饭店里有个叫"洗碗的玛丽"的女佣，每天为我送饭菜。她之所以叫这个名字，是因为她一开始就在厨房里打杂。她长得实在太奇怪了，一对斗鸡眼，两条腿弯弯的，身上瘦得皮包骨，整个人像是霜打的茄子。

"有一天，她给我送餐时，我对她说：'玛丽，你是一个很有内涵的女人。'

"平时，玛丽习惯隐藏自己的真实感情，她怕惹麻烦，喜怒哀乐都装在心里。她把饭菜放到桌上后，叹了一口气说：'太太，我从来都没有想过这些事。'她没有多问什么，也没有怀疑什么，只是反复思量着我说的话，并相信我不是在开她的玩笑。

"从那天开始，她好像明白了什么。她那颗谦卑的心，慢慢地发生了转变。她相信，自己是一件未被人发现的珍宝。她开始在意自己的容貌，在意自己的身材和打扮，整个人也逐渐地散发出一种迷人的味道。

"两个月后，我正准备离开那里，却突然听到一个消息，玛丽要跟厨师的侄儿结婚了！她悄悄地告诉我：'我要去做人家的太太了。'她说非常感谢我，因为我的那句话改变了她的人生。"

女士们，我们不妨这样理解：如果你想让一个人改变某种缺点，那你就要告诉他，他已经具备这方面的优点了。就像莎士比亚说的那样："如果你没有某种美德，就假定你有。"当你"假定"对方有你所要激发的美德，并给他一个美好的名誉时，他为了不让你失望，会尽自己最大的努力去做的。

有一次，我的朋友琴德太太面试了一个女佣，并让她周一来上班。为了多了解一下女佣的情况，琴德太太特意打电话询问了一下女佣以前的女主人。谁知，那位太太却告诉她，这个女佣不太好。

看到这里，你或许会认为，琴德太太会另择人选。事实上，等到女佣周一来上班时，琴德太太却对她说了这样的话："妮莉，我给你以前的主人打过电话，她说你特别好，诚实可靠，还会做饭和照顾孩子。只不过，她说你平时有点大意，总是不能把房间打扫干净。我觉得，你肯定不是她说得那样，你穿得这么干净得体，怎么会是一个不利落的人呢？我敢打赌，你会把房间收拾得和你本人一样干净；我也相信，我们会相处得很融洽。"

结果，正如琴德太太说的那样，她们相处得很愉快，而妮莉也把屋子也收拾得很干净。为什么会这样呢？很简单，妮莉想要顾全自己的名誉，宁可自己多花些时间，多辛苦一点，也不想破坏琴德太太对她的好印象。

可见，要想影响一个人的行为，而不引起对方的反感，就要给他一个美好的名誉，让他去保全。如果你学会了这个法则，那么女士们，我敢打赌，不管在什么情况下，你都能够巧妙地说服那个你想改变的人，让他变成你理想中的样子。

Chapter6
遇到尴尬时,随机应变的口才艺术

如果我们想引起他人的憎恨,让他一辈子都忘不了,我们只消给他几句尖刻的批评,就行了。与人相处时,切记对方并非理性的生物。我们所面对的是一位充满情绪与偏见的人,只有尊敬他才能打动他的心。

——戴尔·卡耐基

有人揭你的短怎么办

我相信，各位女士在生活中也能看到或经历过这样的事：

你本来很高兴地跟朋友说，你最近在生意上很顺利，赚了不少钱，可这时候，另一个朋友说："别听她吹牛，没有赔本就已经很不错了。"

你遇到了一位求助的女士，她请你帮忙做点事，你正痛快地答应说"没问题"，可身边却有个人说："你怎么能找她呢？她什么都不懂。"

你正在帮邻居修理东西，说可能是某某方面的问题。这时候，你的一位熟人过来说："怎么找她给你修理呢！她只会帮倒忙。前几天我让她修个东西，结果越修越糟糕。"

类似这样尴尬的事情，在生活中经常会出现。虽然很多时候，亲戚朋友们揭你的"短"没什么恶意，只是在开玩笑，但如果你回答得很糟糕，别人就会觉得你可能真的在吹牛。你若承认了吧，心里又觉得很窝囊。总之，怎么说都觉得不妥当。

其实，遇到这样的问题不要慌张。想摆脱被人揭短的困境，可以运用一些幽默的语言和滑稽的表情来消解这种尴尬。

你可以接着朋友的话说："看到我什么都没拿，就以为我赔本了。我想，有机会得给你看看我的存折。"对那个指责你什么都不懂的人，你可以说："他总是怀疑我，我得给他证明一下我的能力。"至于那个嘲笑你不会修理东西的熟人，你完全可以这说："你的那个东西是老旧的产品，一堆废铁，就算是爱迪生来了，也没有办法。"

很显然，这样的回答比沉默不语要好得多。保持沉默的话，就等于你默认了他人说的话。这对你可能会产生不利的影响，甚至让你在以后的人际关系中陷入被动。

如果揭短的人是亲友、同事，他们只是想跟你开个玩笑，你不必太紧张，也不要反唇相讥。我见过一些女士，完全听不得别人揭她的短，一听就急了，嘴里不断地冒出话来反讥，最后弄得大家不欢而散。多数情况下，对待熟人之间的一句玩笑，你用不着太严肃，也不必一本正经地回复他。若是因为一句玩笑话就失去一个朋友，那太得不偿失了，而且还会给人留下心胸狭隘的印象。你完全可以用同样诙谐幽默的话予以"反击"。

在处理这种揭短的情况时，最好不要怀疑对方有别的用意。因为太过敏感的话，很可能会情绪失控，在言语中流露出讥讽和嘲弄的意味。那样的话，原本别人本没有伤害你的意思，可你却先把别人伤害了。有时候，女士们要大度一点，不要对别人说的每句话都细细琢磨，想它究竟有什么潜台词，那样的话就真是在自寻烦恼了。要知道，在喧闹的场合中，人们往往喜欢即兴开一些玩笑，以活跃一下现场的氛围，并无他意，也根本没有想过要伤害谁。

当然，也有例外的情况。比如，揭你短的人与你有过节，他确实是有其他意图，想让你当众露怯，那么你可以选择不忍受。毕竟，这不是在"揭短"，而是在进行某种恶意的攻击。比如，在话语上给对方迎头一击，在实际行动上表明你的实力。如果你羞怯不已，既不能机智地改变处境，又不能正常地保持沉默，那就显得有些失态了。在社交场合中，这样的方法非常不可取。

如果你真的不想用说话来回应他，那你完全可以保持淡定自若的风度，把揭短的事抛在脑后，假装没听见，找一些别的话题。或者，你可以喝一杯茶，谈点有趣的事，转移别人的注意力，这些都是不错的选择。

当然，我想告诉女士们的是，对于揭短这样的事，最好的办法还是急中生智，用幽默的方式来回应。这样的应对办法不仅不会给你带来副作用，还会给你增添风采，让你更加受人欢迎。

笑笑更健康，
用自嘲的方式化解尴尬

自嘲，简单的解释就是自我嘲弄。不过，这种嘲弄只是表面上的一种形式，它其实还隐含着许多潜台词。在交谈中，自嘲有着很特别的功效，运用得好的话，不仅可以展示出个性风采，还能帮你迅速摆脱尴尬的境遇。

20世纪50年代，总统杜鲁门因为有事召见了麦克阿瑟将军。麦克阿瑟表现得很无礼，他直接拿出烟斗装上烟丝，把烟斗叼在嘴里，等到他拿着火柴准备点火的时候，才来问杜鲁门总统说："总统先生，我抽烟您应该不会介意吧？"

他已经摆出了要抽烟的架势，再来征求总统的意见，显然只是做做样子。当时，如果杜鲁门说他很介意，肯定不合适。可是，如果他默许的话，那就等于被麦克阿瑟将了一军，搞得自己很没面子。

幸好，杜鲁门总统很机智，他没有做出失礼的举动，而是运用了自嘲。他看了麦克阿瑟一眼，自嘲道："没关系，将军，你可以抽烟！我想，任何一个美国人脸上被喷的烟雾，都不如我脸上多。"这番恰到好处的自嘲，不仅表现出了杜鲁门幽默的一面，同时也让麦克阿瑟意识到了自己的莽撞。

生活中，如果尴尬的一幕已经出现了，可以运用自嘲的方式，进行排解。从另一个角度来说，自嘲也体现出了一种宽广的胸怀，能够让紧张的气氛变得轻松。

有时，别人有事求你帮忙，而你有难言之隐，无法答应他的请求。这时候，该怎么办呢？如果直言相告，无疑会让对方觉得有失颜面。不说的话，又为难自己。面对这种情况，你大可以用自嘲的方式，委婉含蓄地拒绝对方。如此一来，不仅表达了自己的想法，对方也不会觉得难堪。

有一次，林肯出席了一个报纸编辑大会。不料，主席提出要林肯当众发言。要知道，林肯对于编辑事务一点都不懂，如果当众发言的话，肯定说不到点子上；可是主席已经提出来了，当面直接拒绝他，又显得太无礼。面对如此尴尬的境遇，他给大家讲了一则小故事。

"有一次，我在森林里遇到了一个骑马的妇女。我停下来给她让路，可她却不往前走，也停在了我的对面，还死死地盯着我看。然后，她说，我是她见过的最难看的人。我笑着承认她说的没错，可又表示自己没有办法改变。结果，那妇女说，长得难看是没办法了，但你可以待在家里，不出来见人。"林肯的幽默让大家哑然失笑，大会主席见此情形，也不再坚持让林肯发言了。

生活中我们可能会因为某些不如意的事而感到烦闷，但又无处倾诉。遇到类似情况时，不妨用自嘲的方式给自己一点安慰，让自己惆怅的情绪得到舒缓。说给自己听，不仅能避免被人笑话，还能得到安慰，可谓一举两得。

　　英国作家杰斯塔东体型很胖，行动起来有些憨笨。不过，他的心态很好，就像笑话中的罗慕少那样，完全不在乎自己的"缺点"。有一次，他对朋友自嘲道："我是天下第一好人。每次我在车上给女士们让座时，她们都很开心。因为我的一个座位，完全可以挪出三个人的地方。"这番轻松而充满趣味的自嘲，凸显了他的智慧。而每次听到他这样说，别人也都能感受到他的自信。

　　女士们，不管在生活、社交还是谈判上，只要你能游刃有余地运用自嘲，就可以为自己赢得好感，赢得人缘，摆脱困境。如果运用得不好，那就可能令对方厌恶和反感。

　　自嘲并不是任何地方、任何情况下都能运用的，你一定要看时机、看形势。在进行座谈讨论、对话答辩、调查访问的时候，千万不要运用自嘲，那样的话会显得很轻率。同时，自嘲应该是积极的，要透出自尊和自爱。所以，在运用自嘲时，千万别抱着无所谓的态度，这样的话，会让人觉得你很轻浮。总而言之，只要各位女士能够巧妙自如地运用自嘲，定能为自己的社交生活增辉添彩。

悄无声息地转换一下话题

在日常聊天的时候，我们往往不会只谈一件事，在不同的情况下适当地转换话题，是一件常见且必要的事。两个人根据自身的兴趣爱好展开话题，说到哪儿算哪儿，没有什么特别的目的，就是很自然地转换。有时，说话者转换话题，是为了掌控交谈的方向，防止跑题；有时，可能因为交谈中出现了不愉快的情形，为了转变这种尴尬的局面，巧妙地用语言来转移话题。这些情况在生活中是很常见的。但不管是哪一种，都值得我们注意。

曾有女士问过我："卡耐基，到底在什么样的情况下必须要转换话题呢？"对于这个问题，我认为，以下几种情况需要特别重视：交谈中出现了冷场，不知道该说什么的时候；聊天的内容太乏味，或者太高深了，根本无法再交谈下去；聊天时有人说错了话，或是出现了意外的尴尬局面，需要掩饰一下；彼此间产生分歧，又不想为此争论；原来的话题没什么意义了，继续谈下去可能会伤害到他人，或是变得低俗；交谈的一方不喜欢现在所谈论的事，甚至表现出不满和厌烦的情绪；话题涉及个人隐私和忌讳的时候；代表公司洽谈生意时，双方因为某一问题僵持不下的时候，都需要刻意地转换一下话题。

中国古代有个故事，讲的是刘备和曹操之间的事。有一次，曹操与刘备在一起喝酒，曹操用手先指了指刘备，然后又指着自己，说："如今天下间可称为英雄的，只有你和曹操我们两个！"刘备听了之后，神色慌张，手里拿的筷子竟然掉到地上了。当时，天空雷声隆隆，看样子是要下雨，刘备从容地仰头地说："这个雷好厉害啊！竟然有这么大威力！"曹操笑着说："大丈夫也怕打雷吗？"刘备说："圣人迅雷风烈之变，安得不畏？"刘备大惊失色地掉了筷子，其实是因为害怕曹操把他当作英雄，如果那样的话，他不仅难以实现自己的政治抱负，可能连人头都会不保。幸好他随机应变，把掉筷子的缘故推给了天气变化，巧妙地掩饰了内心的恐惧。这样一转换话题，就转移了曹操的注意力。

在这种紧急的境况下换一个话题，能帮助自己躲避麻烦，也不至于惹来嘲笑。

在一次总统答谢宴会上，卢森堡总理梅努奇和他的访问团也出席了。领导人相互致辞之后，双方就座。这时候，美国总统威尔逊走到梅努奇身边，寒暄一番之后，又说起一个老生常谈的话题："关于食品运输和价格方面的事宜，我想阁下已经有了新的想法了吧？"

事实上，梅努奇这一次和访问团来美国，就是想要进口一些国内比较稀缺的食品。只是双方就这个问题谈判的时候，始终没能达成一致协议。美方一直以势压人，不肯降低食品的价格。再加上运输的费用，运进国内之后，食品的价格就会很高，这显然得不偿失。

面对威尔逊总统的询问，梅努奇总理其实并不想继续谈论这个问题，可他又不能失了外交礼节，于是，他微笑着说："总统先生，真的很感谢您的热情招待，我和我的访问团，对贵国的热情和真诚接待表示感谢。"就这样，他巧妙地把话题转移到了感谢总统的招待上，避免了不愉快的情景出现。威尔逊见此情景，便没有继续询问。

转换话题需要有一个睿智的头脑，还要有良好的语言表达能力。我相信，只要平时多加练习，加强这方面的意识，各位女士也完全可以做到依据不同的情境而从容自如地转换话题。

善意的谎言，不伤人不害己

生活在世上，免不了会遇到各种各样的麻烦，有些麻烦很轻松就能解决，有的麻烦却需要运用一定的口才和策略才能摆脱。面对这样的情况，很多女士曾经问过我："卡耐基先生，到底该怎么做呢？能不能给我一些建议？"

我能够给出的最好建议就是，当你身处困境的时候，要学会为自己"找借口"。请注意，各位女士们，我这里说的"借口"绝对不是欺骗，也不带有任何损人利己的意思。它只是一种应变的方式。

我们一起来看看下面这些情景吧！或许，它可以让你更好地理解什么是"借口"。

有位男士，遇到了一位温柔贤淑、端庄优雅、美丽大方的女人，他很想与她交往。可是，他们见面的机会很少，如果直接跑到她家里去，似乎又太不懂规矩了；要是放弃的话，又实在太可惜。很长一段时间，他都寝食难安，不知道怎么办。后来，他帮自己找了借口，比如向她请教一个问题，向她打听一个他们共同的朋友，或是请她帮忙给自己正在准备做的事出出主意。慢慢地，两人接触的机会就多了，他也能经常见到心爱的人了。

生活中还有许多情况都可以运用"借口"来处理。比如，你约会迟到了，朋友的脸上露出不悦的神情。为了缓和紧张而压抑的气氛，你不妨找一些合理的借口改变自己的处境，让对方高兴起来，不再埋怨你。你可以这样说："今天的车太拥挤了！""我刚好有个朋友在家里做客。"

也许，这些借口听起来都很普通，作用不是很大，没法让对方在短时间内就消气，如果真是这样的话，你还可以这样说："怎么，我给你的同事打过电话呀，让他告诉你我要迟到一会儿，没有人转告你吗？"这是一种以守为攻的方式，算是善意的谎言吧。或者，你还可以这样说："对不起，我早就到了。可我刚刚看见我的上司在那儿，就一直躲在角落里没有过来。你看，就是那个穿着黑色西装的人，这个老头脾气古怪，动不动就喜欢教训人，我真是怕了他。"这种借口往往是出人意料，你的朋友听了之后，也不会再责怪你。

当然，这些借口并不算是欺骗，因为它对你的朋友没有什么实质性的伤害，而朋友也不是真的怨恨你，他只是在斗气而已。工作中，借口有时也能帮我们大忙。同样，这种借口和刚刚我们说的借口一样，要有积极的目的，而不是推卸责任。

怀特先生正在办公室里起草文件时，秘书带着一位身材魁梧的人走了进来，说对方有急事要见他。可是，等这位先生坐下来之后，怀特先生才发现对方貌似并没有什么重要的事，他只是在那里啰啰嗦嗦地说一些小事。出于尊重和礼节，怀特先生没有直接把这位说话啰嗦的人赶出去。他先是给秘书打了个电话，让她过来一下，然后递给她一张小纸条。

他到底要做什么呢？答案很快就揭晓了。不一会儿，电话铃响起，怀特先生拿起电话说："什么？有什么事吗？现在就去？我这里有一位客人呢！必须去？行，我速速就来。"放下电话，怀特先生向这位先生摊开手，摆出一副无奈的架势。见此情景，那位啰嗦的先生只好自己离开了。

原来，怀特先生给自己制造了一个"借口"。他在给秘书的那张纸条上写着："稍后打个电话给我。"聪明的秘书自然知道他要做什么。就这样，怀特先生用这个借口"赶"走了那位唠叨的人，继续他的工作。

借口就像是一剂润滑油。你费了半天口舌也说不清楚的问题，一个借口可能就让不愉快的氛围消失了，让你重新获得友谊和快乐。只是，我还要重申一点：使用借口的时候一定得注意，不能欺骗对方，也不能做损人利己的事。

在运用借口的时候，我们一定要秉承一项原则：不伤害他人，不欺骗。所使用的借口一定要有积极的促进作用，或是让彼此关系更融洽，或是摆脱尴尬的境地。要知道，借口终归是借口，一种偶尔才用会的口才技巧，但真诚却不一样，那是为人处世的基础。

社交场合，学会模棱两可的说话智慧

相信很多女士都曾遇到过这样的情形：在有些场合中，有人故意想让你出丑，问一些不方便回答的问题，弄得你很尴尬。其实，对于这样的事情，用不着恼羞成怒，你可以试试模糊语言战术。在外交中，这种模糊语言经常会被使用，甚至被人称之为"外交辞令"。

比如，某国突袭了一个小国，占领了几座村庄。对于这样的意外事件，在没有弄清楚到底是怎么回事的时候，绝不能轻举妄动。占领国到底是要侵占，还是有其他的什么意图？不得而知。若这时向此国家作出回击，就显得有点不太妥当了。此时，最好的办法就是用外交字眼来说明自己的态度，比如："我们注意到了某某事件的发展……""我们极度关注某某局势的变化……"用这样含糊的字眼表明出态度，却不说明自己的观点，就仍然占据着主动权。

再如，两国展开外交，一方领导人当面询问另一国领导人何时去本国访问。如果这种邀请事先没有经过商议，那么被邀请的一方显然是不敢断下定论的；如果当场拒绝的话，似乎又显得太不懂礼节了。对于此类问题，最好的作答方式是："我非常荣幸能接受贵国的邀请，在方便的时候，一定访问贵国。"这又是模糊战术，所谓"方便的时候"就是没有具体的时间，若是今后没有去访问，那也只是"不方便"，并没有什么其他问题。

法国大使在担任驻美公使时，出席过一个各国使节参加的舞会。一位美国小姐在与他共舞的时候问了一个尴尬的问题："大使先生，美国小姐和法国小姐，您更喜欢哪一个？"

这个问题太刁钻，若说喜欢美国小姐，必然有伤大使的自尊；若说喜欢法国小姐，美国小姐的自尊又会受到伤害。法国大使想了一下说："美国小姐也好，法国小姐也好，只要漂亮我都喜欢。"这句话机智幽默，既没有辱没法国，也照顾了美国小姐的自尊。事实上，这种模糊战术的关键，就是用一种概念不清或者存在歧义的语言，让对方根本不知道你真正的意思，听起来似乎怎么解释都合理。在公司的管理问题上，运用模糊语言，也能够让言语变得有弹性，令人信服，收获不错的效果。

马克一直嫌弃自己的工资太低，所以工作不积极，总是偷懒。上司不想让他这么下去，便给了他一个改过自新的机会。他在一次大会上说道："我们公司的大部分员工都很敬业，能够胜任本职工作。但也有一些员工表现得不太好，工作态度很消极，懒散被动，他们总想拿高薪，却不知道报酬是与工作业绩成正比的。"

在这里，管理者用的就是模糊语言，既表扬了那些努力工作的员工，又委婉地批评了像马克那样工作不认真的员工。既没有伤害消极员工的自尊心，却也巧妙地指出了问题所在且没有直接把矛头对准马克。如果马克够聪明的话，他肯定应该知道接下来要怎么做。

日常生活中，女士们也要让自己保持一定的灵活性，恰当地使用模糊语言。这样说话，不仅能够融洽人际关系，还可以避免在某些情况下招来埋怨。比如，你和朋友一起上街购物，突然忘了拿一件东西，于是你说："请等我一会儿，我拿件东西就来。"这个"一会儿"，就是用的模糊战术，就算你拿东西的时间稍微长点儿也没有关系，因为"一会儿"的具体时间根本没有确定。如果你说"五分钟"或者"十分钟"，一旦超过了这个时间，你的朋友肯定会等得着急，埋怨你太慢了。

需要注意的是，模糊语言不是语无伦次，也不是含糊其辞。前者是表达的需要，属于口才技巧，带来的是良好的交际效果；后者是思路不清、词不达意。模糊语言，会让你给人留下不好的印象。

要运用模糊战术，首先得有自信，对事物有审时度势的眼光，还要能熟练地运用。女士朋友们，如果你暂时对模糊战术还不是很熟悉，没有掌握足够的技巧，那最好还是不要乱用。别忘了，模糊战术与含糊其辞就差一点点儿，千万别弄错了。你需要在生活中深入了解它的真义，并多学习运用的方法。

换种说法，拒绝没必要把人伤

在日常生活中，我相信各位女士都有可能遇到如下的几种情形：

一个品行不好的人管你借钱，你不想借给他，可他却一直缠着你，你很烦恼，如果把钱借给他的话，你的钱肯定就打水漂了；一个朋友非常热情地要给你介绍对象，但你最近实在没心情想这些，一点儿都不想见；一个熟人三番五次地给你推荐某类商品，让你购买，你心里知道，买了肯定就吃亏了，可大家关系很熟；谈判桌上，对方怎么也不肯降低价格，还摆出一副盛气凌人的架势，你只是公司的采购员，受公司委托，无法随便应诺。

这样的事情在生活中屡见不鲜。很多女士都很茫然，在不太乐观的处境下，怎样才能坚持自己的意见，拒绝他人呢？这的确需要想想办法。在此，我建议你们这样处理：

对那些缠着你借钱的人，你要非常肯定地告诉他，你现在没什么钱，经济困难，如果他这样纠缠你的话，你可能不会接待他；对于热情介绍对象给你的人，要向对方表示感谢，然后告诉他，你最近很忙，这件事以后再说，听到这样的回答，他自然就知道了你的意思；

对于那些向你推销商品的熟人,你不妨直接告诉他,现在没有买这个东西的打算,或者你不喜欢用它;对于坚持高价的人,你不妨冷冷地告诉他,你无权决定是不是购买,因为是公司的领导说了算。

事实上,这几种拒绝人的方法,都是最常见的,我们也经常会用到。当然,对于一些特殊的问题,在特别的场合下,就不能用这些方法了,你需要有更加巧妙的语言来拒绝对方,而且不会引起他的反感。比如,我现在要说的这个故事。

男士邀请女士一起吃饭,这是很平常的事。我相信,各位女士在生活中也一定有过受邀的经历。有时女士们可能并不太想去,所以就会想办法拒绝。有些女士会直截了当地说出来,根本不在意是不是会伤害到男士的自尊心;有些心地善良的女士,则很委婉地说出自己的理由,仔细措辞,以保全对方的面子。

一位女士在谈到婉拒的技巧时,说了这样一件事。曾经,有位男士邀请她一同观看音乐会,说话的时候还把音乐会的入场券递给她。这时,她很想拒绝,便从皮包里拿出了记事本,打开看了一下,说:"谢谢你的好意,不过已经有人事先约了我。很抱歉。"就这样,她很委婉地拒绝了对方。

还有一位女士,在听到某男士邀请她共进午餐时,说道:"我很荣幸能够被你邀请。可是,我们能不能叫上比尔和约翰呢?之前我们已经约好一起出去玩。"此话一出口,那位男士便告退了。

在人际交往中,委婉而巧妙地拒绝他人,绝对是应变的好办法。在此过程中,女士们大可用友好而热情的态度来拒绝,不必表现得很冷淡,更不用让人难堪。因为有些邀请者是真心实意的,并没有什么其他的企图。我相信,被一位温婉有礼的女士拒绝,就算对方心里有那么一点低落,也不至于责备你;可如果你冷冷地告诉对方你不去,那么对方的自尊心肯定会受到伤害。

生活中如此,工作中也是一样。在美国某电子公司的会议上,总经理拿出一个自己设计的商标,让大家发表下看法。在阐述他的设计图案时,总经理说:"这个商标的主题是太阳,和日本的国徽很像,我想,日本人肯定非常喜欢这款产品。"多数与会人员都恭维总经理,说他设计的主题怎么怎么好,一定很有销售前景。

有一位年轻的销售部经理不太赞同。不过,他也没争论什么,只是淡淡地说,他担心这个设计太好了。总经理听了有点诧异,可还是保持微笑,说不太理解他讲的话,希望他阐述下理由。

年轻的销售部经理不慌不忙地说:"这个设计和日本的国徽确实很像,我也相信它能在日本大受欢迎,可公司瞄准的是整个亚洲市场,不单单是日本。日本人喜欢它的设计,那么中国人、韩国人、马来西亚人会喜欢吗?如果他们都不喜欢的话,会不会影响我们制定的整个销售战略?我想,为了一棵树而放弃整个森林,有点得不偿失。"总经理听了这样的解释之后,连声叫好。

从这件事中我们不难看出,要向有一定权威的人表示反对的意见,或者拒绝他的建议,一定得讲究一些技巧和策略。销售部经理先是说担心"它太好",照顾了经理的自尊,让他在众人面前保住了颜面。接着,他又说出自己的看法。如此一来,经理也不会觉得下不了台,还能坦然接受。

女士们,无论何时都请记住:每个人都希望拥有自尊,哪怕是在被人拒绝的时候。所以,以不伤害他人为前提,而又帮自己巧妙脱身,这种拒绝是在交际中必须要掌握的一种技巧。

善打圆场，
巧言为他人解围

在人际交往中，谁都有可能遭遇尴尬的场景。如果这个时候能用一些巧妙的语言来打破僵局，缓解紧张的气氛，化解争执和矛盾，无疑是一个绝佳的办法。其实，这就是人们常说的"打圆场"。

简单来讲，打圆场是一种社交技巧。当别人出丑露怯的时候，主动帮忙解围，给对方找个台阶；当自己犯了错误的时候，及时想办法弥补，自圆其说；与他人发生争执不快的时候，少点较真和挖苦，给对方保留一点面子，就可以大事化小、小事化了了。

多数情况下，尴尬只是一瞬间的事。如果丧失理智，惊慌失措，只会增加更多的麻烦。所以，遭遇尴尬时，首先要做的就是冷静，观察局势的变化，然后用巧妙的语言来化解尴尬。要做到巧妙地打圆场，除了具备应变的思维能力外，还要懂得运用一些技巧。

无论在什么场合，幽默的人更容易受人欢迎。

有一次，前美国总统里根正在白宫钢琴演奏会上讲话。谁也没想到，他的夫人南希竟然不小心连人带椅子跌落在地。这可让观众惊呆了。南希迅速地从地上起来，回到了座位上，在座的宾客全都开始鼓掌。正在讲话的里根，看到夫人安然无恙，便幽默地说了一句："亲爱的，我不是早就告诉你了吗？如果我的讲话没有赢得掌声，你才可以表演你的节目。"简单而轻松的一句话，化解了尴尬的场面。台下的掌声更加热烈，众人都很欣赏里根的机智。

从古至今，绝大多数人都很喜欢听恭维的话。当一个人懊恼沮丧的时候，听到别人的几句夸奖，坏情绪便消退了一大半。在遭遇尴尬的时候，说两句好听的话，也能成功地解围。曾经，我年迈的老祖父满怀信心地到水塘边去钓鱼，没想到钓了整整一个上午，一点儿收获都没有。祖父心里很不痛快，看到他烦恼的样子，我笑着说："我想，您是在职位上太清廉了，所以才钓不着贪图诱饵的鱼啊！"一句话说得祖父笑了半天，拿起空鱼篓高兴地回家了。

在交际活动中，因为彼此了解不多，人们往往会做出一些让对方难以理解的举动，使得局面变得尴尬。这时，可以采用故意曲解的方法，用来扭转尴尬的局面。

汤姆的朋友到家来聊天，两人在客厅里聊着聊着，不知不觉就到了用晚餐的时间。汤姆五岁的儿子跑了进来，趴在他的肩膀上说悄悄话。汤姆和朋友聊得正高兴，很不耐烦地训斥儿子："不懂礼貌！当着客人的面咬什么耳朵？有话快说！"小儿子听了他的话，大声说道："妈妈让我告诉你，家里没有准备，不要留客人吃饭。"一时间，两个大人都愣住了。这有多尴尬啊，该怎么解释呢？

汤姆脑筋一转，伸出手在儿子的脑袋上轻轻弹了一下，然后说："小笨蛋！我不是告诉过你吗？只有喜欢吹牛的小叔来的时候，才能说这句话，你怎么弄错了？"

爱听吉利的话,这大概是人类都有的一种心理。当别人陷入了尴尬之中,若能巧妙地利用这种心理,用适当的话博得对方的欢喜,那么不愉快的情绪就能够得到安慰。

在一次隆重的婚礼上,各位宾客全都在向新郎新娘祝贺。突然间,一位客人不小心把一只精致的茶杯摔在了地上。这个声响惊动了在场的人,音乐声停止了,大家全都盯着那个碰掉杯子的人,气氛一下子变得很紧张。那个碰掉杯子的人,脸色很难看,在那种窘迫的处境下,他不知如何是好。

大家都知道,如果不赶紧化解这个尴尬,欢乐的婚礼必然会被蒙上一层不愉快的阴影,甚至还会给新婚生活留下不祥的预兆。这时候,一位聪明的人故意摔了一个茶杯。大家正在惊奇之中,他当众说道:"一'碎'加一'碎',这叫岁岁平安。"这句大吉大利的话,引得众人都笑了,紧张气氛顿时变得轻松了,婚礼的气氛重新热烈起来。

为人处世,想要处处得体,受人欢迎,就要掌握打圆场的技巧与方法。生活中,唯有那些深谙人际交往,懂得打圆场的人,才能在复杂的人际关系中获得顺畅的生活。

以讽刺对讽刺，辛辣一点也无妨

讥讽是一种带有强烈感情色彩的语言，也存在一定的刺激作用。它的特点是含蓄中带着一点夸张，幽默中带着一点辛辣，是一种进攻式的语言。通常，讥讽有恶意和善意之分。不同的讥讽，对人的伤害也不一样。

我想，大概每位女士心中都有这样的疑惑：面对别人的冷嘲热讽，要如何应对？如何维护自己的尊严？这个问题，我想根据不同类型的讽刺来解释。

对于他人不怀好意的讥讽，你可以予以回击，针锋相对、不留情面地消消他的气焰。

萧伯纳写的剧本《卖花女》准备上演时，他派人给丘吉尔送了两张戏票，还在里面夹了张字条说："亲爱的温斯顿爵士，送您两张戏票，希望您能跟朋友前来观看，如果您可以找到朋友的话。"丘吉尔收到后，给出这样的回复："亲爱的萧伯纳先生，谢谢您送来的戏票。我和朋友有约在先，无法去看首场演出，但我肯定会去看第二场，如果你的戏有第二场的话。"

作家嘲笑政治家交不到朋友，政治家嘲笑作家的剧本不会有人欣赏。没有一句恶言脏话，可字字句句都透着一种针锋相对的意味，这是双方在用智力较量。在这里，我再来说一则关于萧伯纳的故事。

有一回，萧伯纳正坐在椅子上想点问题，谁知旁边有位美国金融家却说："萧伯纳先生，如果你告诉我你在想什么，我给你一美元。"萧伯纳看了他一眼，说："我想的东西恐怕不值一美元。你或许不知道，我现在正在思考你。"金融家本来还想戏弄一下萧伯纳，没想到却被他给戏弄了。

一位身宽体胖的有钱人，嘲笑一位穿着破旧的穷作家，说他是世界上最不幸的人。穷作家不甘受辱，反唇相讥："我过去不知道自己为什么不幸，可一看到你，才知道真正的原因。"可见，有钱人嘲笑作家穷困潦倒，可作家却讥讽富人榨人血汗，让那个自以为是的有钱人碰了一鼻子灰。

生活中，还有一些讥讽是善意的，它是为了给你做个提醒，并没有取笑你的意思。对于这样的讥讽，用不着以牙还牙。尤其是朋友之间开开玩笑，根本没有任何恶意，你只要以机智幽默的回答来回应他就行了。

女士们，我想提醒你们，讥讽是一把双刃剑。它既可能刺伤他人，也可能刺伤自己。用得恰当，它可以帮你维护尊严，帮你有效地回击他人；用得不当，它就可能给你找来麻烦。所以，千万不要认为自己口齿伶俐就可以随便发挥，遇到点不如意的事就挖苦嘲笑别人，这样不仅伤害了别人的感情，也会让自己被孤立，成为众矢之的。所以，各位女士一定要时刻谨记：讥讽是回击别人、维护自尊的语言技巧，不是用来找发泄对象的工具。

Chapter7
修炼好当众演讲这项才能，令掌声如影随形

人生如舞台，平铺直叙无法打动人心。所以你必须生动活泼地把事实编造成一种喜剧的形态，也就是以喜剧的手法来处理你的人生，使你的周围洋溢着欢欣鼓舞的气氛。

——戴尔·卡耐基

演讲之前做好充分的准备

几年前，有一位赫赫有名的政府官员，在纽约的扶轮社午餐会上做了一次演讲。他要把自己部门的运行情况告诉大家，大家对这次演讲满怀期待。然而，演讲刚一开始，大家就发现了这位官员显然对这次演讲没有好好准备。

当时的情景是这样的：他本打算即兴演讲。可一上台，才发现自己根本不知道说什么好。无奈之下，他只好从口袋里掏出自己的笔记本，可那些笔记记得乱七八糟的。他手忙脚乱地在里面翻着，想找到一些合适的资料，结果越忙越慌。他很窘迫，说话也结结巴巴的。时间就这样一点点地过去，他慌慌张张地根本不知道自己说了什么，东一句西一句，不成系统。他不停地向大家道歉，还想从笔记里找出点有用的东西，他紧张得开始发抖，还试图端起一杯水润润干燥的唇边。那场面实在是太糟糕了。最后，他彻底被自己打败了，灰溜溜下了台。

如果说我平生见过的哪位演讲家的形象最丢脸，那么一定非他莫属了。他的演讲方式让我想起了卢梭所说的情书的书写方式：始于不知何所云，止于不知己所云。他之所以这么狼狈，完全是因为事先没有做任何准备。通过这件事，我想奉劝各位女士，如果你准备当众演讲，那么千万不要犯类似的错误。

从1912年至今，我因为职业上的需要，每年都要对五千多场演讲做评鉴。这些演讲给我留下了深刻的印象，并让我懂得了一个道理：只有准备充分的演讲者，才可能成功。

林肯说："我相信，如果我站在台上无话可说，那么就算年纪一大把、经验一大堆，我也免不了要为此感到难堪。"丹尼尔·韦伯斯特说："如果我没有准备就出现在听众面前，那跟没有穿衣服是一样的。"为演讲做准备，就像上战场前的准备。如果没有丝毫准备，带着有毛病的枪，没有弹药，怎么可能攻克堡垒呢？女士们，如果你想培养自信，那就要做好充分地准备，因为这会让你在演讲时更有底气。

有些女士问我："卡耐基先生，你说的准备到底是什么呢？是不是要提前写好演讲词，并把它们全都背下来？"不，女士们，对于这个问题，我要坚决而肯定地说一声"不"。我见过许多演讲者，他们担心自己上台后大脑一片空白，于是苦苦地背着演讲词。对此，我很想说，一旦养成了这种心理上的习惯，以后就会不断地浪费时间做这件事。可实际上，这样做根本没什么用，甚至还会让演讲变得更糟糕。

卡特波恩是美国资深的新闻评论家，毕业于哈佛大学，他在读书时曾经参加过一场演讲比赛。当时，他的演讲题目是《先生们，国王》。为了保证成功，他把故事逐字逐句地背了下来，预讲了数百次。他满怀信心，以为自己肯定不会失误。

然而，到了比赛那天，他刚一说出题目《先生们，国王》，脑子里就一片空白。他很惊慌,不知道接下来该怎么办。可是愣在那里也不是办法。无奈之下,他只能用自己的话来讲这个故事。但是没想到的是,最后他竟然得了第一名。

从那天开始,卡特波恩决定,再也不背诵任何一篇演讲稿。通常,他只是做一些笔记,然后自然地对听众讲话。后来,他在广播界声名鹊起,获得了成功。

说实话,把演讲稿背诵下来,不仅浪费时间和精力,也更容易导致失败。众所周知,说话是人类沟通的工具,是一件很自然的事,从来不需要费心地推敲字眼。我们随时都在思考着,等到思路清晰时,语言就跟呼吸的空气一样,不知不觉地就自然说出来了,实在不用太刻意。

道理虽浅,可若真正懂得,却不容易。就连温斯顿·丘吉尔这样的大人物,也是经历了许多事才领悟到的。年轻时的丘吉尔,也喜欢背演讲稿。有一次,他在英国国会上背诵演讲稿的时候,突然头脑一片空白,什么都想不起来了。当时他非常尴尬,也很羞愧。他一遍又一遍地重复着上一句话,试图想起下一句,可是绞尽脑汁也没想起来。从那以后,丘吉尔再也没做过背诵演讲稿的事。

在私下与人交谈时,我们总是一心想着自己要说的事,然后很直接地就说出来了,并没有特别留心词语。同样,在演讲的时候,也可以这样做。如果逐字逐句地背诵演讲词,在面对听众的时候,很容易因为紧张而忘词。就算没有忘词,讲起来也是呆板生硬的,因为它不是来自于心灵,而是来自于记忆。

凡斯毕业于马黎波欧艺术学校,后来在世界闻名的衡平人寿保险公司工作,担任副总裁。多年前,有人要求他在西弗吉尼亚州召开的

"衡平人寿"代表会议上发表演讲。参加会议的听众大约有2000人。当时,凡斯在人寿保险的行业里只做了两年,却已经很成功了。

有这么一个提高身价的好机会,凡斯自然很高兴。可糟糕的是,他犯了一个错误,那就是背演讲词。他在镜子前排演了42次,每句话、每个手势、每个表情,上台和回来的细节,他都设计好了。

到了演讲那天,他看着眼前那么多的听众看,刚说了一句:"我在本计划里的职责是……"然后,大脑就短路了。他在慌乱中向后退了两步,想重新开始演讲,可还是什么都想不起来。他又退后了两步,想重新开始,可依然没有用。讲台大概有四尺多高,后面没有栏杆,与墙隔着两米宽的距离。他不停地往后退,全然忘了这件事,结果当他第四次往后退的时候,掉到了讲台和墙壁之间的夹缝里。

多么滑稽的场面啊!听众们笑得前仰后合。衡平人寿保险公司有史以来还没有过如此滑稽的表演。更不可思议的是,听众们竟然以为这是特意安排的节目。凡斯那天的表现,已然成了一个经典事件,衡平人寿公司的老前辈们,一提起这件事就忍不住发笑。

凡斯亲口告诉我,那是他这辈子最丢脸的一次。他当时真是觉得没脸再留在公司里,便递交了辞呈。然而,他的上司理解他,撕掉了辞呈,还想方设法帮他重建自信。这件事之后,凡斯记住了教训,那就是不再背诵演讲词。

说实话,我从来没有看到哪个人在背诵演讲稿时,表现得生动又富有人性。或许,不依靠演讲稿,靠着自己的思路去讲话,可能会漏掉其中的几点,说得散乱一些,可那有什么关系呢?说话本就是一件自然的事,那样才富有人情味。林肯曾说过,他不喜欢听刀削式的、枯燥无味的演讲,而是喜欢听一个演讲者随意、自然、感情激昂起伏地演讲。那么，准备演讲最好的方法是什么呢？让我来告诉各位女士吧！

在日常生活中，多积累一些有意义的、对你有引导作用的经验，从这些经验中提取精华，然后做一个汇集整理。真正有用的准备，是对你要演讲的题目有很深的感触。

许多年前，查尔斯·雷诺·柏朗博士在耶鲁大学演讲时说过这样一段话："深入研究你的题目，要透彻到如同果子成熟，飘散出思想的芳香。然后，把所有这些思想写在纸片上，简单地写出概要就可以了。如此，把资料整理就绪，零散的片段就容易安排和组织。"女士们，这听起来并不太难，对不对？事实上，它也真的不难。只需要一点专注和思考，就能达到你想要的目的。

当演讲准备到一定的程度时，你需要试演一下。杰出的历史学家艾兰·尼文斯对作家提出过类似的忠告："找一个对你的题材有兴趣的朋友，把你的想法详细地讲给他听。这样的方式可以帮你发现你可能遗漏的见解、事先没有预料到的争论，从而找到最适合讲述这个故事的形式。"

在平常聊天时，把你要演讲的内容、你的想法跟朋友们或是同事们说说，没必要从头至尾全部都说出来。只要在午餐时不经意地说："你知道吗？那天我遇到了一件不寻常的事。"对方可能很有兴趣听听你的故事。这时，你可以把它讲出来，看看听者有什么反应，而后问问他的想法，说不定他会有一些好的建议反馈给你。他可能完全不知道你是在预演，他可能还会跟你说，聊得很尽兴。

我想，这些建议对于渴望学习演讲，或者是正准备做演讲的女士们而言，真的是可以借鉴的、有价值的好方法。

运用一切意志 让自己勇敢

当众做演讲，一定得有充足的信心和勇气。可惜，这一点是众多女士们比较头疼的问题。到底该用什么样的方式来克服恐惧，让自己充满勇气呢？

威廉·詹姆斯是美国有名的心理学家。他曾经说过这么一段话："行动往往紧跟着感觉，可实际上它们是并行的关系。通过约束行动，我们可以间接地约束感觉，但感觉却不受意志的直接控制。如果我们感觉不快乐了，那我们可以假装自己很快乐，做出快乐的言行。如果这样的办法依然无法让你感到快乐，那就无能为力了。所以，让自己感觉自己很勇敢，并表现得很勇敢，运用一切意志来达到这个目的，就可以战胜内心的恐惧。"

女士们，牢牢记住詹姆斯教授的忠告吧！挺胸抬头，站直身体，看着听众的眼睛，充满信心地讲话。把自己的优越感发挥出来，这种心理会对你有很大的帮助。

罗斯福曾经是个非常胆小的人，好在他懂得运用自我鼓励的方法，这也使得他成了一位勇敢的人。他在自传里提到，自己儿时经常生病，又很笨拙，年轻时也缺乏自信。在讲述自己的蜕变经历时，他说："我在孩童时期，读到一个故事，它给我留下了深刻的印象。故事里的一位舰长，他告诉主人公怎样才成为一个勇敢无畏的人，他说的那段话深深地触动了我——'每个人想做一件之前从未做过的事情时，都会觉得害怕。你应该学会控制自己的思想，让自己表现得好像什么都不害怕似的。只要你一直这样暗示自己，那些假装就会变成真的。'结果，那位主人公最终真的成了无所畏惧的勇者。"

罗斯福也依靠着这个理论来训练自己。最初，他发现自己害怕的事情有很多，灰熊、野马、枪手等等，但他故意装作不害怕的样子。慢慢地，他发现自己竟然真的不怕了。他还告诉世人："只要你愿意，你也能够跟我一样。"

克服当众说话的恐惧感，不仅会帮助我们练就好口才，还会不知不觉影响我们做其他事情的态度。那些善于接受生活挑战的人，品德和才能也不断地趋于完美。

一位店员在培训课程结束时，提及自己的变化，他这样说道："刚开始，我真的很害怕顾客，为他们服务时总是提心吊胆，唯唯诺诺。在班上做过几次演讲之后，我感觉现在的自己更自信了，处事也从容了许多。有不同的意见时，我也敢直接地说出来。在班上演讲后的第一个月里，我的销售业绩提升了将近50%。"

一位推销员也有同样的感受，他说："在班上站起来演讲几次之后，我发现自己敢于面对任何人了。有天早上，面对一位非常凶悍的顾客，他还没有来得及说不行，我就已经把样品放在他的桌子上了。结果，我从他那里拿到了一份大订单。"

一位家庭主妇说："过去，我很胆小，甚至不敢邀请邻居到家里来玩，怕自己和他们没法融洽地沟通。上了几次课之后，尤其是当众讲过话之后，我鼓起勇气办了一次聚会。不得不说，那次宴会很成功，我从容自如地招呼着客人，和他们快乐地交谈。"

他们都成功了，他们摆脱了恐惧和焦虑，顺利地完成了那些曾经担心会失败的事。这一切，都是从他们敢于当众说话开始的。女士们，我相信，你们也能够和他们一样，把那些所谓的难题变成一个又一个挑战。我想，你只要记住一点：你是勇敢的，你要让自己勇敢起来。那样的话，你就会真的克服恐惧，成为一名勇敢而又自如的女人。

充满激情的演讲，才能打动听众

不知道女士们是否留意到了这样一个细节：那些成功的演讲，往往都跟演讲者的情绪有很直接的关系。如果他们充满热情和激情，就可以带动现场的氛围，让整个演讲都变得很有吸引力和号召力。我相信，你也一定想成为这种富有魅力的演讲者，并很想知道该怎样去做。

现在，我就把成功的方法如实地告诉你，让你学会释放自己的热情，吸引听众的注意力：如果你对演讲的题目有过真实的体验，并且像热衷于某种喜爱的事物一样，对它充满了热情；或者，你反复地思考过这个题目，长期以来一直关注着这方面的事，那么你在演讲时，根本用不着发愁自己会缺乏热情。

我听过许多震撼人心的演讲。不过，给我印象最深刻的，还是二十多年前在纽约的一个班级里听到的那一场演讲。说实话，我再没有遇到比那位演讲者更加热情的人了。他那份热情塑造出的说服力，至今还让我记忆犹新。我把它称之为"兰草对山胡桃木灰"的

Chapter7 修炼好当众演讲这项才能，令掌声如影随形

经典案例。每次介绍演讲要富有真诚和热情的时候，我都会说起这件事。

我来说说这件事的经过吧！那是纽约一家知名公司的一位一流销售员，他别出心裁地提出了一个奇怪的说法，说他可以让"兰草"在没有种子、没有草根的情况下长出来，前提是把山胡桃木的灰烬撒在新犁过的土地里，这样兰草就会出现。他笃定，山胡桃木灰中可以长出兰草。

在对他的演讲进行评论时，我很委婉地指出，如果他这一发现是真的，那么他很快就会变成富翁。谁都知道，兰草的种子非常昂贵，若是用山胡桃木灰替代种子，无疑省了很多钱。我还说，如果这项发现是真的，他可能会成为闻名世界的科学家。可惜，直到现在，还没有人能够创造他宣称的这是真的，也没有人能够从无机物里面培植出生命来。

这是一个非常明显且荒谬的错误，我觉得实在没有必要与他争论。我只是平静地把这些都告诉他。说完之后，有些同学也指出了他论述里的错误。可是，他自己不这么认为。我发誓，他几乎什么都没想，马上就站起来告诉我，他是对的。这份执着实在令人费解。他还说，他不过是陈述了经验，还没有引用论据。接下来，他又继续对这一话题进行演讲，提出了更丰富的资料，举出了更多的证据，来证明自己的观点是对的。坦白说，他在演讲中的热情和真诚，非常具有感染力。

我只好再次告诉他：他有可能是对的，但这种可能性非常很小。他很快又站起来，说要跟我打赌，要美国农业部出面证实这个问题。没想到，接下来发生了不可思议的一幕。有几个同学开始相信他的

发现，还有很多人开始变得迟疑了。我想，如果当时做一个选票表决的话，一半以上的人都不会支持我了。我问那些改变主意的人，为什么会这样做，他们告诉我，说他太富有热诚和信念了，这让他们开始怀疑自己的常识。

我没有再说什么，而是给农业部写了一封信，还说了一句，问这样无聊的问题，实在很抱歉。结果，他们给了回复，和我的观点一样，说兰草是绝对不可能从山胡桃木灰中长出来。他们还提到说，我不是写信的第一人，还有一个人也寄来了一封信。我才知道，那位销售员也给农业部写了信。

这件事对我的触动太大了。我想，如果一位演讲者确信一件事，并充满热情地谈论它，他肯定会得到听众的拥护，哪怕是他宣称自己能从灰烬中培植出兰草，也有人相信。既然如此，我们还有什么可怕的呢？至少我们所阐述的，都是正确的常识和真理，难道不比他更理直气壮吗？

很多演讲者都有过这样的疑问：我选择的题目能吸引人吗？其实，要吸引听众很简单，只要你对自己的题目充满了热情。这样的话，你就不用害怕没有办法抓住他们的注意力，引发他们的兴趣。

曾经有人问前美国驻意大利大使理查·华须本·乔尔德，是怎么成为一名优秀作家的？他的回答很简练："我非常热爱生命，所以不能静下来不动。我觉得必须把这一点告诉所有人。"遇到这样的作者或演讲者，你没法不被他吸引。

弗林先生曾经参加过我们在华盛顿的训练班。那天，他做了一个关于美国首都的演讲，内容全部是从当地报社发行的一本小册子里拼凑而来的，这使他的演讲听起来杂乱无序。同学听着难受，他讲得也不舒服。事实上，他已经在华盛顿住了很多年，可他却没有运用一件自己亲身经历的事，来说明他为何喜欢这个地方。

　　两个星期后，弗林先生遭遇了这样一件事。他的新车在街上被人撞坏了，而肇事者又不知道跑到哪儿去了。这可把弗林先生害惨了！他非常生气。讲述这件事的时候，他每个情节都讲述的很真切而且活灵活现。听众同样是那些同学，可他们却觉得弗林先生这一次的演讲，比两个星期前精彩多了，都为他鼓掌。

　　我不断地强调，如果题目选对了，你不想成功都不行。有一方面的题目，只要选择了就不会错，那就是你自己。你对周围的生活，肯定有着自己独特的感悟，你不用去别的地方搜集材料，潜藏在你意识里的那些东西，你随时都可能想到的那些事情，都是不错的题材。

　　有人问我，如果他没有什么信念和兴趣，该怎么演讲呢？或许，你也有类似的想法。尽管我对于这样的事情有一点惊讶，可我依然告诉他，让自己的生活忙碌起来，培养一些兴趣爱好。他说，不知道该培养哪方面的兴趣好。我告诉他，去广场看看鸽子，去图书馆找找关于鸽子的书和资料。回来之后，你可以讲讲鸽子的话题。

　　他按照我说的做了。等到他第二次回到课堂上做演讲时，状态完全不一样了。他像是一个狂热的养鸟者，满怀热情地谈论起鸽子。当我示意他停下来的时候，他已经说到了有关鸽子的第四十本书。我真的没想到，他竟然已经把它们读遍了。

　　《销售五大原则》的作者帕西·H. 怀特提醒推销员们，一定要了解自己所推销的东西。他说："对一项优良产品的功能知道得越多，人们便会对它越热心。"事实上，这个方法对于演讲题目而言同样适用——你对它们了解得越多，你对它们就会越有热情。

一场演讲的精彩往往在于开始

我曾经问过林·哈罗德·胡教授:"您平生有过那么多次的演讲经历,您认为演讲最重要的一点是什么?"他思考了一会儿,对我说道:"我想,没什么比一段精彩的开场白,更能吸引听众了。"

其实,林·哈罗德·胡教授的观点,正是我想说的。关于说话的艺术,我还请教过许多演说家,得到的答案也都是如此。俗话说,好的开始是成功的一半。对于一场演讲来说,开场白至关重要。

当年,威尔逊总统在国会上发表演说,谈到了德国潜艇发出最后通牒的问题,他只用了20个字:"我有义务向诸位坦白,我国和德国的关系出现了一种全新的情况……"就引发了听众的兴趣。

诚然,每个演讲者都不希望自己精心准备的演讲遭遇失败,尤其是不希望刚一开口,就遭受冷场。大家都希望自己的演讲从一开始就能吸引听众,与听众建立良好的互动关系,让他们听完开场白之后,还有兴趣继续听下去。愿望总是好的,可并非所有人都能够做到这一点。如果你也不希望一开口就遭受失败,那就要记住一些有关开场白的演讲技巧。

开场白不要说道歉的话。没有谁希望一开始就听到不幸的消息，除非你犯了什么大错，否则真的没必要向听众道歉。试想一下：你充满兴致地倾听一位演讲家演讲，可他却这样说："很抱歉，我只能简单地讲几句，因为我的时间有限。"这根本在说，你是个以自我为中心的人。还有很多人会说："抱歉，大家看到的不是原来那个演讲者，而是我。"这也是不需要说的话。要知道，你的借口或道歉对听众而言没有任何意义，就算他们表面上不说，可心里却很反感。他们满怀热情而来，希望听到有所触动的演讲，你不该浪费他们的时间。

开场白切忌陈词滥调。用毫无新意的话作为开场白，会让听众觉得很失望。他们听过太多这样的话了，甚至能猜到下一句说什么，所以就会完全丧失兴致。作为演讲者，要尽可能地给听众带来不一样的感受，要做到这一点也不是很难，只需要花点儿心思就行了。

开场白不要有否定的意味。假如你的开场白是这种自我否定式的，那么我在这里引用吉普林的一首诗中的第一句话："继续下去，将会是毫无意义的。"这就是此类开场白的最终结果。千万不要说："我希望我的演讲不至于浪费大家的时间，但我确实没有准备充分……"或许，你这样说是希望得到听众的原谅，因为你没有准备好。可惜，这样的表白真的太糟糕了，它会让你一无所获。你否定了自己，也否定了听众。他们从这句话里会感觉出，你在轻视他们，否则的话，你为什么不好好准备呢？

开场白要避免晦涩难懂的话。你如果不想吓跑听众，也不想吓唬他们，那就不要一开场就说那些听不懂的晦涩词语。就算你想显示自己的学识，也不该用这样的方式。稀奇古怪的开场白，还不如没有开场白。

开场白不要刻意幽默。我提倡冒险，但我不提倡赌博，把幽默的话语作为开场白就是一场赌注，而且输得概率很大。不过，有很多演讲者似乎都喜欢这样做，就好像他们没有其他选择一样。也许你会说，他们做得很成功，听众们都很喜欢。从表面上看去或许是那样，可事实上并非如此，听众就像是在看一场滑稽表演，看完之后就忘了。许多喜剧演员都说："去死很容易，可要演好喜剧很难。"要制造幽默的谈话很难，特别是要把这种幽默感和演讲联系起来。用幽默的方式作为开场白无疑是在给你制造麻烦，结果很可能会让演讲冷场。

开场白不要传递出不情愿的情绪。每个人都会有这样的感觉：被迫做一件事的时候，往往做不好，哪怕原本可以做好，在被迫的情况下也无法做好。然而，有些演讲者经常在开场的时候告诉大家，他是被迫来做演讲的。这样的开场白很容易让听众产生无谓的联想，你为什么是被迫的呢？更重要的是，这句话透露出无奈和消极的情绪，很难引起听众的兴趣。

开场白不要区分对待听众。有些演讲者在演讲时，总会先介绍一下重要的来宾。我不反对这样做，可是千万别让其他听众觉得，除了那些政府官员、权威人士以外，他们都是不重要的。若是区别对待听众的话，会让不受重视的人对演讲失去兴趣。你要传递的这样一种概念，坐在台下的全都是重要人物，而且你已经注意到他们了。

开场白不要说这个主题很难。这是没有自信的表现，谁会愿意听一个信心不足的人在那儿唠叨呢？那不会给他们想要的东西。所以，千万别在一开场时就说"我对这个主题有点力不从心"，这就显示出你很胆小，怕犯错。既然你选择了这个主题，一定有你的道理，除非是别人替你准备的。如果你所发表的只是个人意见，就算犯点错，又有什么关系呢？

各位女士，希望你们在做演讲时，一定要注意上面这几个问题，不要一开口就错，这会让听众觉得很扫兴。设计一个精彩的、吸引人的开场白，会让你的演讲变得很精彩，也能让听众领略到你的好口才。

牢记你为谁演讲，目的何在

第一次世界大战的时候，有位著名的英国主教为阿普顿的军事驻地的士兵做了一场演讲。事实证明，那场演讲很糟糕。

当时，这些士兵们马上要去前线作战，他们中的多数人，都没什么文化，甚至不识字，对于这场战争的意义，他们根本不知道。而这位主教一味大肆宣扬"国际和平"和"塞尔维亚要有独立自主的权利"。想想看，那些连字都不认识的士兵，怎么可能知道他在说什么呢？如果当时大厅里没有带着枪支的警察守卫，那些士兵估计早就把他轰下台了。

我真的不是在嘲讽这位主教，如果他给一群大学生做演讲，宣扬那些内容，那一定会很成功。可我想说的是，那是一群文化水平不高的士兵，他们实在听不懂深奥的演讲。身为演讲者，如果不清楚自己演讲的对象是谁，要达到什么样的目的，怎么可能成功呢？

其实，每一次演讲都有它的目的。概括来说，演讲的目的大概有四个方面：第一，阐述某一种观点；第二，让人们记住一些重要的人和事,或是接受某种信念;第三,呼吁社会各界的支持和理解;第四,纯粹地休闲娱乐。

在这里,我可以举例说明一下这些内容。

林肯一直很喜欢机械制造,他还为自己发明的一项装置申请过专利。他发明的这个装置有一种独特的作用,能让搁浅在沙滩上的船只远离物障。为了让这个设备投入生产,他特意联系一家机械制造厂进行生产。最终,他们没能谈妥生产的事,但林肯不断地向周围的人解释这些装置有什么用,希望他们知道这个东西的工作原理。

林肯在葛底斯堡发表过多次演讲,在亨利·克勒去世后发表赞颂之辞。对于林肯而言,他演讲的目的就是让人们记住亨利·克勒。林肯所做的演讲中,有一部分是为了引起社会的关注,比如他对陪审团不断地进行政治演讲,就是希望能够争取到对陪审团有利的判决,获得更多选票,让人们做出积极的回应。

一名国会议员在纽约剧院舞台发表演讲,可是演讲才进行到一半,他就被听众们给轰下去了。听众们非常愤怒,因为他把消遣娱乐当成了演讲的目的,而当时国家正遭受着战争。起初,为了表示对这位国会议员的尊重,听众们一直忍耐着。大概十五分钟之后,听众忍无可忍,希望他赶紧结束演讲。可他根本没注意到这些,还是滔滔不绝地说,最后听众们忍不下去了,开始喝倒彩,瞬间剧院里乱成一团糟。

看到了上面这则案例,女士们,我想你们一定知道了,在演讲的过程中明确演讲的对象和目标有多么重要。我更希望的是,你们在实际演讲中有眼色,能够灵活处事。这样,才能够保证演讲顺利进行。

演讲的内容要投听众所好

罗素·康威尔是一位有名的演讲家，曾经参加过几千场演讲，最著名的一篇演讲词是《如何寻找自己》。很多人不解，重复演讲那么多次，内容都已经在脑子里扎根了，每次都说这些东西，能有什么变化呢？

其实不然。康威尔博士知道就算演讲的内容大致是一样的，但听众们的情况却有很大区别，他们有不一样的背景，不一样的知识水平。所以每次演讲他都力求听众们能理解他所讲的内容。关于这个问题，他曾经这样写道："每次，我抵达一个新的城市或城镇，都会先去拜访一些那些学识渊博的人，比如校长、牧师、企业家等等。然后，我还会去不同的店铺转转，和那些普通人聊聊天，了解他们的历史和他们身上发生的事。对他们的想法和观点有了一定了解后，我才会发表演讲。而谈话的话题也总是符合他们的预期。"

这是康威尔博士最常用的演讲方式。听众们对他的演讲感兴趣，也是因为在演讲中找到了共鸣。他演讲中所选择的案例，很多都是当地人经常讨论的、非常熟悉的事情。把这些事放在演讲中，不仅能吸引听众，还能与他们进行良好的互动。

康威尔博士深谙一个道理：在当众讲话中，要把演讲变成听众的一部分，也要让听众成为演讲的一部分。依靠着敏锐的观察和严谨的态度，他虽然在六千场的演讲中讲过同样的题材，可是每一场演讲的感觉都不一样。正因为此，《如何寻找自己》才会成为最受欢迎的演讲。

各位女士，从康威尔博士的演讲经验中，我想你们应当明白一点：演讲时一定要想着你的听众是谁。这非常重要，它可以有效地帮你与听众建立良好的关系。

依据听众的喜好和关心的内容来进行演讲，让听众们感觉，这简直就是精心为他们准备的演讲稿，绝不是从哪里拷贝而来的。说那些他们感兴趣的事情，他们怎么可能不喜欢呢？

很多人在演讲时，只顾着谈论自己感兴趣的事，完全忽略了听众的感受。这样的演讲，往往会让听众觉得枯燥和无聊。如此自私的演讲者，根本不可能成为一名优秀的演讲家。所以，你不妨引导听众谈论他的兴趣、他的事业、他的成就、他在高尔夫上的成绩。如果对方是一位母亲，那就多谈谈他的孩子。关于这一点，我们在前面也曾提过。专心倾听别人说话，会让人觉得高兴，而他也会觉得你是个善谈的人，哪怕期间你根本没说几句话。

来自费城的哈罗德·杜怀特，曾经在一次宴会上就利用这种方法取得了成功。他在演讲中，依次谈到了餐桌边的每个人。他说，刚上演讲课的时候他也不是很善谈。但经过了一段时间的训练之后，他好了很多。他回忆着同学们做过的演讲和讨论过的题目，还模仿其中的一些人，样子很夸张，逗得大家笑了半天。

各位女士，在选择演讲题材之前，你一定要记得问问自己：我要做的演讲，能给听众带来什么收获？他们想要听到什么样的内容？我该怎么做才能实现这个目的？假如你是一名会计师，那么在开场时你这样说："我现在要教你们如何预立遗嘱。"相信听众会非常乐意听你讲下去。

其实，在每个人所了解的知识中，肯定会有某一方面观点可以给听众带来实用性的帮助。在《思想的酝酿》一书中，詹姆斯·哈威·鲁宾逊说了这么一段话："在幻想的世界里，我们可以允许自己的思想沿着它的方向前行，而它的方向又取决于人们内心的情绪，比如希望、恐惧、喜怒哀乐等等。世界上最让我们感兴趣的东西，莫过于我们自己。"

我非常赞同这番话。据我所知，生活中很多事都遵循着这一规则。《美国》杂志的发展速度很快，可谓是出版界的一大奇迹。它的成功，与已故的西德达先生的理念是分不开的。有一天，西德达先生与我进行了一番彻谈。他说："人都是自私的，只对自己的事情感兴趣，就算告诉他政府要收归铁路，他也没多大兴趣。他们关心的是，如何才能够升职加薪，如何保证身体健康。如果我是这家杂志的总编，我会告诉读者生活上的一些小诀窍，比如：用什么办法保护牙齿？夏天的时候怎样保持清凉？如何找到一份满意的工作？如何应付员工的各种问题？怎样买到经济实用的房子？怎样不再犯语法上的错误？如何有效地提高记忆力？

"除此之外，人们还很关心别人的成功或失败。我可能会邀请一些上层人士，让他们聊聊，自己是如何成功开展事业，如何赚到几百万美元的。还会邀请那些著名的银行家或是各大公司总裁，让他们谈谈自己如何从底层奋斗到今天，又经历了哪些事……"

此后不久，西德达先生就成了那家杂志社的总编。他接手这家杂志社的时候，情况并不乐观，杂志的销量很惨淡。这时，西德达先生完全按照自己的构思来开展工作。结果，就像我们在上面说到的那样，杂志很受欢迎，月销量从20万份一直上升到100万份。它的内容很贴合大众的生活，满足了读者的兴趣和喜好，这是它最为成功的地方。

当你面对听众时，如果不考虑他们以自我为中心的倾向，你的演讲就只能换来听众们的抱怨。这样的场面，我想是任何一位演讲者都不乐意看到的。既然如此，那就投听众所好地来选择你的演讲内容吧！

善讲故事，让故事阐述事实

如果演讲内容全是理论上的概念，必然会令人觉得枯燥无味，若是能够在其中巧妙地加入一些生动的故事，演讲就会变得丰富而有趣了。细心的女人可能注意到了，但凡很有经验的演讲者，总是喜欢搜寻一些故事。去一个新地方进行演说，他们更是希望留出一点时间跟当地人聊聊，说说过去，谈谈现在，再进行演说。

有位演说家曾经讲述了一篇有关贤惠的故事，名字叫作《贤惠的妻子与粗心的丈夫》。他的讲述方式很有意思：

"一天，妻子让丈夫去买袋盐，丈夫答应得很痛快，然后就出了家门。

"丈夫有抽烟的习惯，刚一走进商场，就直奔了香烟柜台。这时候，一位年轻的女售货员冲他走了过来，面带微笑地说：'先生，别忘了买一袋盐带回家。'这位丈夫很纳闷，为什么不让我买烟呢？难道她是卖盐的推销员？当然，他心里还是很感激对方，若不是她的提醒，自己可能就真的忘了。他顺手拿了一条香烟，夹着香烟穿行在商场里。

"突然，有一位老太太在他后面拍了他的肩膀：'年轻人，回家时别忘了买盐。'他更觉得奇怪了，为什么他们都知道我要买盐呢？他忍不住开口问了一下那位老人。结果，老太太指了指他的后背说：'很简单啊，你的背上不是贴着纸条吗？'他脱下衣服一看，恍然大悟。原来，细心的妻子怕他忘了买盐，特意在他的背上贴了一张纸条，上面写着：'好心人，请提醒我的丈夫买袋盐回家。'"

这个故事很短，可在讲述的过程中却充满了悬念，让听众们心生疑问：商场里的两位陌生人，怎么知道他要买盐呢？他们忍不住想要听下去。等到答案揭开的时候，才感叹"原来如此"。这种叙事方法很特别，前面不动声色地铺垫、渲染，最后抛出一个意料之外却又在情理之中的答案。这就跟中国传统相声的"抖包袱"很像，不停地推出悬念，然后包袱一抖落，惹得大家发笑。在欢笑之余，听众也感受到了那位妻子的贤惠和那位丈夫的可爱，还有陌生人的善良。

要吸引听众的注意力，就不能太过于直白，而是要把话说得扣人心弦，曲折动人。这种设置悬念的口才技巧，绝对可以引发听众的兴趣。不过，想要收获完美的效果，仅有这些还不够，你选择的案例必须和你的主题有关系，还得在适当的时候，巧妙地过渡到主题上来。

当年，林肯还是一名律师的时候。有一天，一位年老的妇人找到他，哭着向他说自己被欺负了。这位老妇人的丈夫，原是独立战争时一位战士，不幸牺牲了。这些年，她都依靠着抚恤金生活。可就在不久前，出纳员竟然要挟他，非要她交一笔手续费，她若不答应，就不给她抚恤金。这笔手续费很高，差不多是抚恤金的一半。

事情很明显，出纳员就是想要勒索老妇人。

林肯协助老妇人，把那名出纳员告上了法庭。然而在法庭上，出纳员却不承认，说自己没有对老妇人进行过勒索。因为拿不出实在的证据，当时的情况对老妇人很不利。轮到林肯辩护的时候，坐席上很多人都盯着他，想看看他有什么办法来扭转不利的局面。

林肯开始辩护了，他的声音抑扬顿挫。不过，他没有直接说本案，而是含着眼泪说起美国独立战争。他讲述那些爱国的战士冒着严寒，忍着饥饿，与敌人做斗争的故事。他动情地说："现在，历史已经永远成为过去，而英雄们也已经入土为安。然而，他们的遗孀还活着，此刻就站在我们面前，要求我们替她申诉。很多年以前，她也是一位美丽的女子，也有着温馨幸福的生活，可是，战争和岁月夺走了这一切，她现在贫苦艰难，无依无靠，唯一的指望就是革命先烈用鲜血和生命争取来的那一点援助和保护。试问，我们可以置之不理吗？"

他没有继续再说什么。可在场的人都被感动了，甚至有人当场表示，要给老妇人捐助。在这样的情况下，法庭做出合理的判决，老妇人也成功拿到了应得的抚恤金。

如果仅仅依靠善良和同情，林肯未必能够打赢这场官司。可他很机智，把在场的所有人都引入到了对自己有利的局面中，利用人们对和平的珍惜和对遗孀的同情，最终赢得了辩护的胜利。

由此可见，演讲者在演讲时，最好提出几条大纲，多说说人们的奋斗史和成功的经验。因为这样的话题，多数人都会感兴趣。如果演讲者能讲述一篇饶有趣味的人生故事，还能给人带来有益的启示，那就更好了。

在这里，我还想提醒各位女士，演讲时不要老说那些不切实际的内容，多讲讲自己的故事，讲讲他人成功的经历，用故事来阐述事实和道理，给人以深思。

摆脱枯燥，
多用一些生动的比喻

清晰地表达自己的想法，是一件重要且颇具难度的事，我们永远不能低估它。

曾经，我听过一位爱尔兰诗人的专场诗歌朗诵会。在这个诗歌朗诵会上，听众们听了好长时间，却完全不知道他在说什么。其实，这不是个案，不管是在公共场所还是私下场合，很多演讲者都犯过类似的错误。

奥利弗·劳兹是一位杰出的演讲家，他为大学生和公众演说了四十多年。有一次，我跟他谈论公共演讲的要素，他说："在所有重要的因素中，知识的积累和演讲工作的准备是排在第一位的。其次就是要尽全力去表达清楚自己的观点。"对此，我非常地认同。

普法战争爆发的时候，贵族毛奇将军曾经告诫他的部下："先生们，你们一定要记住，任何有可能产生误解的命令，最后一定会被误解。"和他一样，拿破仑也意识到了这个问题的严重性，他不止一次地对他的秘书强调："战争指令不是儿戏，一定要表达得清楚点，再清楚一点!"

我们不妨做一个假设:让听众轻轻松松地听懂一个对他们而言完全陌生的东西,这现实吗?这就好比让一个普通人听懂一个博士的专业演讲一样,根本就是天方夜谭!在这种情形下,我们应该学习耶稣教门徒那种简单而自然的办法,那就是:用大家都知道的东西来解释那些不知道的事情。

举个简单的例子,该怎样来解释"天国"这个词语呢?世界上有没有跟它很像的东西?面对那些未教化的巴勒斯坦农民,要用什么办法让他们知道"天国"呢?

耶稣很有智慧,他用了大家都知道的东西,对"天国"进行了生动而又准确的解释:天国就是家庭主妇手中的酵母,一日三餐中都离不开它,等到它发酵,我们就不会挨饿;天国是一艘在茫茫大海中寻找珍珠的商船,是一种播撒在汪洋之中的渔网……通过这些简单易懂的比喻,人们很容易就明白了它的含义:天国就是人们渴望的美好家园。

一些传教士来到非洲赤道附近的一个部落,想在那里宣传他们的教义。为了更好地让人们理解自己所传授的东西,他们把《圣经》里的一句话用这个部落的方言进行了改编。这句话在《圣经》里是这样描述的:"就算你有滔天的罪行,有了上帝的指引,它依然变得如雪般洁白。"

这句话本身不难理解,但对于生活在那里的居民来说,雪是一个非常陌生的东西。因为赤道的人们从来没有见到过雪的样子,他们的方言里甚至就没有"雪"这个词汇。如果让他们来分辨雪和煤炭,他们一定会束手无策。

他们不知道雪，但他们很熟悉椰子，他们经常用椰子作为午餐。所以，传教士们就用当地人最熟悉的椰子取代了他们不能够理解的雪。如此，《圣经》里的那句话就被改编成："即使你有滔天的罪行，有上帝的指引，它仍然会变得如椰肉般洁白。"

我在密苏里州的渥伦斯伯格州立师范大学曾经听过一场有关阿拉斯加的演说，不过那场演说最终没能成功。演讲这个主题的人，在其他地方也进行过类似的演说，效果都不太好。因为，他的演说表达得不够清楚，语言听起来也很沉闷。他没有像那些传教士一样，从听众的角度出发，而是彻底把听众们的所知所闻抛在了脑后。

在演说中，他告诉听众阿拉斯加占地约590804平方英里，人口总量64356人。没有人能够确切地感受到50万平方英里是怎样一个概念，人们平日里也很少使用平方英里这个单位。所以，他们根本不会想到缅因州或德克萨斯州的大小大概就是50万平方英里。听众的脑子里，对于枯燥的数字难以形成真实的画面。可如果一位演讲者告诉听众，阿拉斯基及其岛屿的海岸线比赤道的一圈还要长，它的面积比佛蒙特州、新罕布什尔州、缅因州、马萨诸塞州、罗德岛州、康涅狄格州、纽约、新泽西州等十几个州加起来的面积还要大，那么听众的脑海里就会对阿拉斯基有一个清晰的了解。

很少有人能够把64356这个数字记住五分钟。演讲者快速地说出这个数字，给人的印象很模糊，让人觉得既不准确也不可靠。更重要的是，随着演讲的进行，这些复杂的数字会被人忘得一干二净。然而，如果换一种方式，把这些枯燥的数字换成听众所熟悉的形象来表达，效果就不一样了。比如：约瑟夫大街距离密苏里州并不远，听众中的绝大多数人也都去过那里，阿拉斯加的人口比约瑟夫大街少1万人。再如，把阿拉斯加的一些情况与听众们所居住的城镇进行比较，效果会更好：阿拉斯加的人口是密苏里州的8倍，是渥伦斯伯格的13倍……

女士们，你们可以比较下面例子中a和b两部分，很容易就能看出哪一种表达方式更好了。

a.距离我们最近的星球有56万亿千米。

b.如果一列火车以每分钟一英里的速度向离我们最近的星球驶去，那么它需要4800万年才能够抵达；如果在这个星球上放一首歌，我们必须要等待380万年，才能够听到那优美的歌声；如果一条蜘蛛丝能够延伸到这个星球，那么这只蜘蛛的体重要有500吨。

a.世界上最大的教堂是皮特大街上的教堂，它有232码长，364英尺宽。

b.世界上最大的教堂是皮特大街上的教堂，它的大小相当于两座白宫那么大。

理查德·哈丁·戴维斯在一次演讲中，为了向一群纽约听众评述索菲亚街清真寺的情景，他这样说道："它和第五大街剧院里的观众席一般大小。"在评述布林底希海港时，他又说道："布林底希看上去就跟长岛一模一样，前提是你要从海港港尾进入。"

在演讲时，你也应该多用这些方法来进行阐述说明。比如，你想要描述金字塔，那你首先要告诉听众它有451英尺高。接下来，你要用听众们日常熟悉的建筑物和金字塔进行比较，这样就可以生动而形象地说明金字塔的高度。如果你想说明它的占地面积，可以用它能够覆盖的街区面积来描述。再比如，你要描述20英尺高的东西，可以这样打比方——从地面到天花板高度的1.5倍。如果你想表达有多少英里,那还可以用此地到联合车站或是到某个街道的距离来进行比较。

总而言之,把那些听起来枯燥、刻板、晦涩难懂的内容,用生动、有趣、简单易懂的事物描述出来,做一些形象的比喻,不仅能够让听众听得明明白白,还能为演讲本身增加趣味。几乎所有的优秀演讲者,都懂得并善于利用这一原理。

Chapter7 修炼好当众演讲这项才能，令掌声如影随形

让肢体语言
帮你完善形象

良好的肢体语言配上出众的口才，能够很好地帮助女性完善形象。相反，如果一位女士在讲话时手舞足蹈，或是呆板刻意，则会让人对她的印象大打折扣。

我上的第一堂公众演讲课，是由美国中西部一所大学的校长讲授的。在那次课上，校长介绍了诸多经典的演讲动作。但我认为这些动作不仅一无是处，还很有可能误导听众。教授亲自示范动作，告诉我们在演讲时，要把手垂放在身体两侧，手指虚握、手掌心朝后，拇指贴近裤缝。同时，他还说道，在抬起胳膊时要和手腕配合好，做出海浪起伏的状态。伸开手的方式也很讲究，从中指、无名指到小拇指，依次伸开。当完成了这套滑稽的动作之后，胳膊还要重新垂放在身体两侧。

我不知道这套动作是不是教授自己创造出来的，简直就像是木偶人在表演，没有一点新意，也没有真情实感的流露。这样沉闷而无聊的演讲课，根本教不会我们利用肢体语言。所以，那时候的演讲显得很生硬，就像是在古老的打字机上打字；就像迷路的小鸟，一点儿生机与活力都没有；更像是一份粗糙的杂志，刊载着不合时宜的老套的内容。

很多女士可能会觉得意外，都什么年代了，真的还有人在教这么笨拙的演讲动作吗？事实上不可思议的事还有很多。比如不久前，我看到有一本试图将人塑造成一个机器人的演讲动作的书出版问世了。书中从头至尾都在告诉读者，在演讲的时候，每句话都要配有相应的动作，以及说什么样的话时要举起哪一只手，就连举手的角度和高度也都有具体的要求！

有一次，我亲眼目睹了一堂这样的演讲课。二十几个学生站在老师面前，手里拿着从某本书里节选的辞藻华丽、逻辑严密的演讲词。在讲台上，他们完全按照这本书所写的内容，一次又一次地练习那些肢体动作，这简直就像马戏团里的小丑。不久之前，马萨诸塞州一所著名大学的教务长宣布，他们的大学不再开设公共演讲课程，原因是他觉得这门课程一点实用性都没有，既然对演讲没有什么实际的帮助，再开课就等于是在浪费大家的时间和精力。对于这个观点，我非常认同。

多年来的实践证明，许多有关演讲举止的文章根本就是在浪费笔墨和纸张，没有任何用处。在实际生活中，那些文章里所提及的演讲动作根本不适用。因为，真实的演讲动作完全来自于说话者的思想、内心和表达的欲望。在演讲过程中，演讲者在某一瞬间所萌生的激情举动，是任何格式化的动作都无法比拟的。

演讲者在台上的举止，应该与生活中的他一样。在演讲培训课程上，不可能要求每一位演讲者都追求千篇一律的演讲风格，他们的举止应当有自己的个性。

林肯律师事务所的合伙人，也是为他写过传记的作者，说起这样一件事："林肯在演讲的时候，头部的动作多于手势。在强调一些非常重要的内容时，他会经常频繁地、充满激情地甩动头部。在某些特别的时刻，他甚至会突然挺直自己的身子和脖颈。许多雄辩家常用的那种把时空划分为几份一样的剧烈的手部动作，林肯很少使用。偶尔，在演讲过程中他会走动一下，但他绝对不会为了追求某些好的效果而设计自己的动作。他在演讲中看起来很轻松、很高雅、很自然，极具魅力。

"在讲演结束后，为了表达内心的高兴，他的右手那细弱而有力的手指会伸向听众们的头脑；当他手心向上举起双手，几乎与地面成五十度角时，就好像在热情地迎接他所憧憬的事物；对于虚假、做作、卖弄是非的行为，他非常的鄙视；提及农奴制这些令自己产生厌恶情绪的事情时，他会紧握双手，高举双臂，在空中挥舞。这也是林肯非常有名的经典动作。"

罗斯福在演讲时的举止，比林肯更加有活力。他非常善于运用面目表情，这种激情贯穿于全身的每个部位；布莱恩在演讲时总是挥动手臂；格莱特斯却总是打击着桌子和手掌；劳斯·罗斯伯利则是在高举右臂之后用力落下。不管他们的动作如何，作为演讲者，如果在精神和心理上都充满信念，他们的动作就会显得坚定有力。刚刚去世不久的剑桥大学的劳德·可申在国会演讲中说道："著名的公众演讲家，都有着自己经典的演讲动作，在他们具备了整洁的外表和优雅的举止后，他们的长相和笨拙的行动就显得不那么重要了。"

我曾经听过吉普斯·史密斯所作的布道，他是一位让数万人皈依基督教的演讲家。他那雄辩演说深深打动了我。在演讲过程中，他用了许多手势，而他所做的那些手势就像呼吸一样自然，我想这就是演讲的最佳境界吧！

Chapter 8
懂得说话潜规则，你就能游刃职场

如果你在自己一心向往的事业上，未能成功，千万不要放弃，要接受挫折，再尝试其他的办法。你的弓上绝非只有一根弦，但是，只有你自己能发现另外一根。

——戴尔·卡耐基

职场好命女，都有好口才

举世瞩目的石油大王洛克菲勒先生，曾经说过这样一番话："如果人际沟通能力也是一种商品，就像糖和咖啡一样。那么无论付出多么昂贵的价格，我都会去获取这种能力。"女士们，从这番话中，我想你们应该知道了沟通能力是多么重要。

人际交往最重要的就是沟通。沟通得好，就能顺利建立良好的人际关系；倘若一意孤行，冥顽不灵，完全不把沟通当回事，那就会让自己陷入孤家寡人的境地。不信你看，职场中那些沟通能力强的人总是如鱼得水，办事游刃有余；而那些沟通能力差的人，却总是备受冷落，处处不顺。

不少女士在刚刚参加工作的时候，总是幻想能够一鸣惊人，向所有人证明自己的能力。首先我要说，这种积极进取的心态是值得肯定的，但如果为了证实自己而忽略了同事之间必要的沟通交流，有可能会引起周围同事的反感，造成一些误会。安吉丽娜的例子就是如此。

从著名的加州大学毕业之后，安吉丽娜就进入一家装修设计公司做设计员。公司很满意安吉丽娜的能力，对她在设计方面的天分表现出高度的肯定。但令人震惊的是，安吉丽娜只工作了一个月就被公司辞退了。面对怒火万分的她，经理用无奈的口吻说："很抱歉，对于你这段时间在工作上的表现，我是非常满意的。但公司需要的不仅是一个出类拔萃的人，更需要一个出类拔萃的团队。你影响到了公司团队的整体性，所以我不得不辞退你。"

原来，安吉丽娜在这段时间与同事相处得非常糟糕。虽然是个新人，但她仗着自己的天分和能力，总是表现得咄咄逼人。每当公司主管召开员工会议，安吉丽娜总是用居高临下的语气发言，并对所有人颐指气使，连主管的面子都不给，完全不理会别人的感受。她还常常因为一件作品与同事们吵个没完没了。虽然在工作上进行一些讨论没有坏处，可安吉丽娜却一定要让别人听从她的观点。一段时间之后，所有人都对安吉丽娜产生了不满。最后，经理只好炒了她的鱿鱼。

把自己的位置摆得过高，这就是安吉丽娜所犯的最主要的错误。实际上，就算你能力再怎么出众，你毕竟也只是个新人，是这个团队中的"晚辈"。相比其他人来讲，你的资历经验都还欠缺。所以，我希望女士们能够吸取教训：如果你刚刚步入职场，请选择平易近人的方式来与同事沟通交流，这样才能让你的人际关系越来越好。

女士们在职场中若能深谙沟通之道，便可在这个大舞台上游刃有余地发挥自己的特长。那么，到底怎样才能进行有效沟通呢？在此，我列举四点建议：

1.要注意沟通态度

我们要始终保持谦虚友善的态度和人进行沟通。对他人表现出信任、尊重和喜爱，多站在对方的立场上思考，抑制自己的负面情绪，这都是实现有效交流的正确态度。在沟通中，摩擦往往在所难免，严重的可能会引起双方情绪失控。但沟通能力强的人却能够做到"喜怒不形于色"，既不争论，也不发脾气，而是静静地等待时机，巧妙地把控局势，再适时进行反击。

2.注意讲话的方式

曾经，有很多来自不同行业的女士向我抱怨，说她们的才能很高，却始终没有办法取得成功。我很清楚她们的问题所在。事实上，大多数职场中的女士在认识上都存在一个很大的误区，即认为只有让自己的工作出色，才能在职场中获得成功，取得更高的职位和薪水。事实根本不是这样。

史考伯先生曾对我这样感慨道："一切都是人与人之间的问题。"

一些身在职场的女士们可能会惊讶地发现，讲话的方式常常比讲话的内容更加重要。如果想让自己的计划博得领导的同意，那么计划不仅要很出色，还要让领导相信这一点。反之作为领导，让下属努力工作的方法是去鼓励和建议他们，而不是去强制和命令。下属们不会因为你多么出色而尊重你，除非你也对他们表现出尊重。

威尔逊是美国一家连锁店的老板，他每周都会召开一次经理会议。某年夏天，疲软的市场状况导致他的几家店铺营业额连续几周呈现下滑局势。威尔逊对这些店铺的经理很不满，但他却并没有直接去批评他们，因为他知道这样做只会更糟。所以在会议上，威尔逊极力赞扬了这些经理们，对他们一直以来为公司所做的贡献表示肯定——在这种疲软的市场状况下，公司都没有亏损，只是利润有些减少而已。

那些自知理亏的经理们本来还打算为自己做辩解，现在听了威尔逊的话一个个都很惭愧。威尔逊的话刚说完，一位经理就立马站起来进行自我批评，他认为自己本来可以做出更好的应对，来缓解逐渐下滑的店铺业绩。他还向威尔逊表示，他制定了一些新的策略，打算下一阶段推行，好让营业额有所回升。之后，其他店铺的经理也纷纷表明自己的意见和决心。

3.要保持眼神的沟通

作为人体最富于表现力的器官，正视对方的眼睛可以让自己显得自信、勇敢，而躲闪则是胆小怯懦、精力分散的表现。所以，在客户谈判和签订合同的时候，眼神的交流显得尤为重要。此外，眼神交流对于女士们来说，更是具备特别的意义，正如小仲马说的那样："女士们常常用眼神来补充她们对一个男子的看法。""眉目传情"，这也算女性的一个优势吧！

4.要及时地回应对方

在沟通交流中，我们要不时地确认自己是否真正领会了对方的意思，是否对对方产生了误解，理解对方观点时是否戴着有色眼镜。另外，及时地回应对方还能表示我们一直在认真倾听，是一种尊重他人的表现。

沟通的口才与生活密不可分的，无法与他人展开交流，就无法获得更多的资源，成功也会离你越来越远。职场上不善于沟通交流的女士，往往会失去很多机会。所以，各位女士们，在步入职场后，一定要多思考如何沟通的问题。在这方面不要吝啬多花费一些精力，因为它是一项能够给你带来巨大收益的投资。

面试时的实用交谈法则

对于新入职场的女士来说，面试时的口才技巧无疑是一件非常重要的事情，它是你进入职场的首次考验。在面试期间，你的语言表达能力，会将你的成熟程度和综合素质的高低展现得一览无余。

也许有些女士觉得，只要自己真的有才华就行，其他问题都无关紧要。关于这个问题，我想告诉你一件事：你的才能只有展现出来，才可能引起雇主们的兴趣；否则的话，你在他们眼里与其他人没什么区别。

坦白说，面试就是一个向别人推销自己的过程，说服对方购买你这件独特的商品，就是你最终的任务。那么，具体该怎么做呢？

1. 注意你的仪表态度

你能否被对方录用，决定权在对方手里。你的衣着一定要正式，当然也不能过于繁琐，毕竟你是去工作，而不是去参加舞会。最合适的服装，就是和你的职位相匹配的衣服。它会让人觉得，你可以完全胜任这份工作。此外，根据你将来的工作性质，考虑是否有化妆的必要。如果需要的话，那就化一个淡妆，切忌浓妆艳抹。

提前几分钟到达面试地点，这是非常有必要的。之后，你就要特别注意你的举止了。坐在座位上的姿势要端正，静静等待面试人员的传唤。在与面试人员礼貌握手后，端庄地入座，与对方保持适当的距离——既不要太远，也不要太近。

讲话的时候，要表现出自己的礼貌、热情和自信。保持目光的对视很重要，不要因为对方有"生杀大权"就不敢看他。你应该始终保持微笑，这会让你显得充满自信。

对方说话的时候，你要微笑和注视着他，这表明你在仔细倾听。同时，你还要做适当的、合理的回应，以此表达你对他的关注。注意，不要打断他的话，这是非常不礼貌的行为。

在与对方交谈时，你的态度应该不卑不亢，不要低声下气地好像在求对方。面试是一种相互的选择，你的命运并不是他一个人决定的。如果你表现得过于自卑，反而会让对方怀疑你的能力。

要控制自己的情绪，即使对方对你很满意，也不要得意忘形，过于激动的话，可能会让你破绽百出。即使对方明显表明了录用你的意向，也不要高兴太早，因为这当中还存在着很多变数。

2．要注意语言表达

女士们应该注意，你的性格、态度以及内涵修养都渗透在你的语言和腔调中。你声音的特点能清晰地传达出这些重要的信息，尤其是在陌生人面前。所以，表达自己见解时尽量保持口齿清晰、语言流畅，切忌含糊不清、闪烁其词。如果你咬字特别清楚的话，能给人一种信心十足和头脑清楚的感觉。在如今的职场上，老板们重视的是你的综合素质，而不单单是你的才华和能力。

交谈时的音量、语调、语速都要适量，声音过小会显得怯懦和自卑。如果你平时说话声音较小，那么面试时就应该大声一点；但也不要音量过高，你是让对面的面试人员听清楚，而不是让隔壁房间的人都听见。保持正确的语调，会让人感受到亲切和沉稳，这样在无形中就拉近了你与面试人员之间的距离。

有些女士因为初入职场，在表达时显得过于紧张和急躁，往往对方刚问一句，她就开始滔滔不绝地大谈自己的想法，好像在跟谁比赛一样。这样并不好，你应在清楚表达自我的同时，用幽默含蓄的语言营造出轻松愉悦的谈话氛围，拉近与面试人员的距离。这样才会增加你成功的几率。当然，语言技巧的运用也不是越多越好。

3.从容地表现自己

面试时，自我介绍可能是所有参加面试者第一次表现自我的机会。也许，有些女士会觉得自我介绍很简单，不以为然，其实并不是这样。要知道，你对自己是非常了解的，可要想通过简单的几句自我介绍让面试人员了解你，并不是一件容易的事。

首先，你要清楚自己的目的是什么，要让对方了解你的信息，而不是闲聊瞎扯。所以，你只需要简单介绍自己的姓名、性格、学历以及工作经验等基本信息。这些信息重不重要，就要看面试人员更侧重于哪一方面了。不过，女士们要注意，这只是个简单的自我介绍而已，你可千万别一口气将你想说的话全部倒出来。接下来的环节中，你还有机会慢慢补充。

面试人员判断你能否胜任这份工作，关键还是要看你的能力如何。许多参加面试的女性总想表现出自己是最优秀的。她们在言谈中总是表达了这样一个意思："我什么都能做。"或许你真的什么都能做，但这并不表示你什么都能做好。老板们希望雇佣的是实干的员工，而不是一个只会夸夸其谈的人。

面试最重要的一点，就是把自己的优点表达出来。你一定要说实话，但切忌夸大其词，也不要太过刻意的掩饰自己的缺点。如果你把面试人员当傻子，那他们也会把你当傻子。

4．处理问题要妥善

面试期间，女士们经常会遇到这样的提问，这也是她们很容易犯错的地方。"你为什么选择这份工作？"很多面试人员都会这么问。有些人的回答简直莫名其妙，让面试人员觉得她们非常愚蠢。她们说："我只是想试试看，毕竟是一个机会。"或者说："我本来不想来的……"这样的话一出口，这份工作基本上就没什么指望了。

其实，面试人员这么问是想弄清楚你的职业目标以及你对他们公司的了解程度。明白这一点后，你就应该进行有针对性的回应。你一定要把自己的兴趣志向和这份工作的性质联系起来。例如："贵公司的企业理念跟我的工作信念非常符合。"这才是合理的回答。

另外一个问题是："你觉得自己有哪些不足？"这个问题的提出是想了解你是否诚实，以及你是否适合这个职位。有的女士只会顾虑到其中一个方面，要么她会把自己的缺点毫无保留的供出来，要么就是极力掩饰自己的缺点，对面试人员说谎话。

显然，这两种都是错误的做法，我们需要在二者之间找出那个平衡点。例如，应聘财务工作时，你可以这样说："我是个慢性子，但这使我对每件事都考虑得很精细到位。"又或者你可以笼统地说："我确实是有不少缺点，但这并不影响我优点的发挥。"

还有一个面试人员经常会问的问题，就是："如果你的意见和上司的意见相矛盾，你会如何去处理？"这个问题是想了解你的沟通能力和自我认同感怎么样。这时你应该这么回答："首先，我会对上司的意见进行客观思考，毕竟上司经验比我丰富得多，对问题的理解也肯定更深刻；其次，如果慎重思考之后，我确信是我的意见更加合理，我会找上司进行友好地沟通，相信在共同目标的驱使下，我们一定可以达成共识。当然，在沟通的过程中，我会注意谈话技巧的运用。"

最后一个问题就是你最关心的薪酬问题了。即使你觉得薪酬并不是最重要的，但至少也会非常看重它。而如何跟面试人员商讨你的薪酬问题，对你的面试成功与否有着十分重大的影响。

其实，大胆说出你的期望薪酬就行了，不要说什么"按照公司的规定办"之类的话，这只能表明你对这份工作没有清醒的认识。当然，你的期望薪酬必须跟公司和你个人的实际情况相符合，过高或过低都不好，最好给出一个可浮动的范围，以便让对方有考虑的空间。

与上司说话是一门学问

有些女士认为,只要勤奋苦干就可以在职场中一帆风顺,其实不然。职场是一个非常复杂的地方,决定你职场前途的并不单单是才干和能力。在职场中,你的个人爱好可能会和工作性质产生冲突。你必须在个人需求和公司需求之间寻找一个结合点。

有一个听起来令人沮丧的事实:你的前途命运在某种程度上决定于你的领导,所以你一定要让他感到满意才行。倘若你是一名职场女士,那你就要学会与领导交流的技巧。对此,我给出的建议有这几条:

1. **主动找领导沟通**

有时领导为了了解自己的下属,会主动找你沟通交流,这是做领导的基本工作。可是女士们,你真的不必非得等到领导召唤自己的时候,才走进他的办公室里。倘若你有工作方面的意见或建议,不妨直接去敲他的门。

一般情况下,领导办公室的门是对下属们敞开的,领导欢迎任何一个走进他的办公室的员工。主动找领导进行交流,代表你是在用心地工作,这会给领导留下很好的印象。别忘了,职场需要表现,用心工作是一件好事,可是你还要想办法让领导知道这一点。

2. 态度要不卑不亢

对于身处职场的女士来说,领导的地位确实非常重要。前面已经提到过,领导在你升迁、加薪等方面都起着决定性的作用。有些人即使不是你的直接上司,也多少对你的前途有一定的影响。

需要承认的是,领导们确实有比你优秀的地方。他们在工作和事务上扮演的角色也很重要。从这个意义上来说,领导们就值得你尊重他。但这并不意味着你比他卑微,因为大家在人格上都是平等的。

想要给领导留下深刻的印象,并不需要对他们一味地奉承迎合。如今的领导都明白,那些见识独特并且诚实可靠的下属才是自己需要的;而那些只会拍马屁的人,除了会满足领导的虚荣心之外,没有任何实际的用处。

所以,有什么想法和观点时,你不妨大胆地表达出来。只是,在表达观点时,既要表达对领导的尊敬,又要保持独立的人格。要做到这一点的确不容易,可只有做到这一点,你才能在职场中取得成功。所以,你不妨把这个目标当成是一次挑战。

3. 表达技巧要恰当

女士们,在和领导说话时,一定要注意方式,尽量做到语气恰当、措辞委婉。而且,你的语言要简练一些,这样不仅不会浪费领导的时间,还可以充分展现你言简意赅的语言表达方式。当然,前提是你一定得把意思说清楚。

有一些语言禁忌,你也要谨记,合适的词语自然可以用,但不恰当的词语一定要摒弃，比如"您辛苦了"、"我好感动"、"随便吧"等等，这样的用词会让你显得很轻率和不成熟。

4. 要正确对待领导的批评指正

面对领导的批评指正，你应该进行有选择的取舍，接受正确的，婉拒错误的。要知道，领导的批评指正，可以促使你不断进步。他们有责任、有资格这样做。他们的学识经验比你更多，对问题的看法也更加全面和深刻，角度的选取也更加新颖。所以，你大可不必因为受到批评而不好意思，甚至心存怨恨；相反，你应该高兴才对，因为他们帮助你纠正了一个错误。

在意识到领导的观点有错误的时候，你可能会对自己的观点产生质疑。对此，我想说的是，这种质疑是很有必要的，但更重要的是，你不能因此而草率地否决自己的观点。有一些女士，在证实自己观点是正确的之后，仍然不做任何反应，而把领导的观点当做是金科玉律。谁说领导就不会犯错？他们其实也有说错的时候，只是情况比我们少罢了。

还有些女士，与之恰恰相反。她们觉得，好不容易找到了领导的错误，要赶紧抓住这个表现自我的机会。可惜，指出领导的错误并不像表面上看起来那么简单。虽然我们强调，领导应该具备宽容、理智和修养，但在现实生活中我们看到的却往往不是这样。他们做事情并不那么理性，有时还很偏激。因此，找出一种既符合我们身份又能为他所接受的方式去指出他的错误，就显得极为重要。当然，前提是你必须以理服人。

有些自以为有才学、有能力的女士，经常鲁莽地顶撞领导，并以此为乐，好像这样就能证明她的才华和独特。也许，她确实是有才华，但以这种方式表现出来却是十分愚蠢的。

5. 提出自己的建议

向领导提出工作上的意见，这是博取领导好感的一个切实可行的方法。如果领导对你说"有自己的想法是件好事"，这一般都不是什么客套话。因为领导都希望自己的下属有想法，整天琢磨一些新奇有趣的东西。因为正是这些东西给他们带来了新的商机。

当然，你所提的那些意见必须真的不错才行。为了避免出现偏差，在提意见之前，我建议各位女士先做好以下几点准备：

（1）经过成熟的思考后再去提意见，不要想一出是一出。

既然是建议，那么你不仅要让领导明白你建议的是什么，还要让他明白你这么做的原因和将会产生的后果。很多情况下，一个建议的可执行性与否恰恰会成为它是否被认可的关键。

（2）要搞清楚领导的工作习惯，把握好提建议的时机。

领导会见客人的时候，你千万不要去找他提意见；如果见到他正在专心地思考某个问题，那你尽量别去打扰他。

（3）不要试图表现出"我比你聪明"之类的念头。

这种念头往往不会是事实，而且对你没有任何益处。你若这么做了，就表明你向领导提意见只是为了表现自己的"聪明"，而不是为了工作本身。

6. 提出要求

有些女士为了让自己获得更高的职位和薪资，或拥有更好的工作环境，会向领导提出一些要求。对于你所提的要求，领导一般会报以理解的态度和为难的态度。让领导为难的原因有很多。其中既有与下属有关的，也有与下属无关的。如果想要让自己的要求更容易被领导接受，你就要掌握一些提要求的技巧了。

（1）不要提出不合实际的要求

如果你的要求过高，领导不仅无法满足你，还会因此对你产生反感，让你们的关系变得糟糕。

（2）要采用合适的措辞

就算你的要求合情合理，也要尽可能地用商量的口气来跟领导谈。如果你让领导感觉自己受到了威胁，或是感觉被你命令他这么做，那他会不假思索地拒绝你的要求。

有效地与下属进行沟通

倘若你是一个女领导,那么你不可避免要与下属进行沟通交流。沟通作为领导艺术中的一种,对你而言非常重要。掌握良好的沟通艺术,是成为一个好领导的必要条件。遗憾的是,很多领导在与下属沟通时总是频繁地出现问题,这不仅会降低她们的威信,也会影响正常的工作。

那么,作为女领导,应该如何与下属进行沟通呢?我认为,女士们应从以下几点着手:

1. 下达指令要清楚明确

喜欢长篇大论是很多领导的通病,可是结果呢?你在费了半天口舌之后,却发现下属们根本不明白你要表达什么。作为下属们心中的权威人士,领导者所说的每句话、每个字都会作为重要信息传入下属们的大脑中。但如果需要接收的信息太多,他们就会忽略领导所想表达的核心思想。

身为领导,最基本的一项职责就是能够清晰明确地下达指令,把自己的意思简洁有力地表达出来，并有效地传送到下属们的脑子里。你不光要考虑要表达些什么，更要考虑倾听的人能够接受多少。所以尽量不要让你的话有歧义，不要超出下属们的理解范围。同时，还要避免说那些不着边际的话。下属唯有彻底领会了你的意思，才可能更好地工作。况且，长篇大论确实没什么作用，下属们有自己的工作要忙，他们可不是来听你胡扯的。

身为领导，发布指令不要随便更改，一定要考虑成熟之后再发布。不少领导者，脑子里充满了新奇的想法，"点子"一个接一个，却总是朝令夕改，不能长久地执行下去。要知道，这样反反复复地修改指令，会让下属们根本不知道该怎么开展工作。因为有时候，领导者给他们传达的几个指令是互相矛盾的，而自己却浑然不知。

2．批评下属要讲究效果

当下属做错了事情，或没有按时完成任务时，作为领导当然要对其进行批评。但要注意一点，你必须以解决问题作为出发点。批评时要始终保持平静的态度，不要让下属感觉是在被审判。你应该营造一种平和、认真的沟通气氛，这样才能有效地找出问题的症结所在。批评时要"对事不对人"。让下属在被批评的时候，感觉出你是在针对具体的事情，而不是针对他本人。

批评时要做到公平公正。指明下属所犯的错误和应负的责任时，要保持公正的态度。任何一个错误都不是一个人单独造成的，况且你的下属也不希望出现这样的错误。所以，不要给他一种罪无可恕的感觉。

批评时要对犯错误的下属进行适当的鼓励。犯错误的下属本来已经非常沮丧，很可能他已经对自己失去了信心，这时候他正需要别人的肯定和鼓励。你给他鼓励，指导他们改正错误，他会更乐于听你的建议。

3. 随时找下属谈心

领导应该及时了解下属的想法和意见，这样做可以防患于未然。通常，找下属谈心是最直接有效的沟通方式。不过，在做这件事的时候，想要达到预期的效果，还得注意以下几个方面：

（1）确立谈话目标

谈话之前，先确立你这次谈话的具体目标和主题，对你想要与对方进行交流的信息进行总结，然后安排谈话的时间和地点。

（2）透彻了解下属

对于你的谈话对象，你要有彻底的了解，并从他们的角度去考虑问题。同时，你还要清楚，这次谈话对他会产生什么样的影响。

（3）对谈话进行引导

将你们的谈话引导到你预定的谈话方向上。这样的话，你会收到意想不到的效果。

4. 让下属服从自己

领导最喜欢看到的，就是下属毫无抱怨地服从自己每一个指令。在这方面，有一条外交政策非常适用，那就是"手持大棒悄悄走路"。当你"悄悄走路"时，你能很轻松地发现下属需要什么，然后告诉下属你可以满足对方的需求。这样的话，就能够很好地掌控下属。

在这个过程中，你可以采取这三种方式来满足下属的需求。

（1）有意地夸奖下属

称赞这种方法虽然有点老套，但却非常有效。肯定下属的工作成绩，告诉他你需要他这样的人才，他会更加服从你。

（2）让下属明白工作的重要性

通过了解下属的需求，告诉他这份工作能够满足他的需求，就能让他心甘情愿为你效劳。

（3）给予他实际的好处

你要让下属明白，只要他干得出色，就可以得到很多实际的好处。这是非常有用的方法。倘若你遭遇了失败，也不要丧气。因为毕竟你是领导，亮出你的大棒挥舞几下，他自然就会听命于你，但这种方法还是尽量少用为妙。

人际关系要用心，小心思解决大问题

职场女性有时会觉得很累，可能是不喜欢有太多的应酬，也可能是不得不跟自己十分反感的同事一起工作。确实，这些问题的确有点让人无奈。不过，职场也不是像你所想得那么让人绝望，关键看你如何处理人际关系。

那么，究竟该如何与同事交流呢？在这里，我想给女士们几点建议：

1. 摆正自己的态度

你平时见面最多的人，除了亲人之外，恐怕就是同事了。虽然同事之间也可以成为朋友，但大多情况下，你和同事的关系仅限于工作中的合作而已。不过，你可以从同事那里学到很多有用的东西，这一点和交朋友的益处一样。

不管你是喜欢你的同事还是讨厌他，与他们进行交谈的时候，首先要抱着尊重和体谅的态度。无论他们身上有什么样的优缺点，都要记住，他们会在经验和知识上给予你很多帮助。如果你们之间

Chapter8 懂得说话潜规则，你就能游刃职场

产生了隔阂，那你就会失去这个提高自我的机会。

2. 要少说多听

办公室不是表现演讲才华的地方，所以最好不要在办公室里讲太多话。有些女士急于让同事了解自己，说起来没完没了。与其这样刻意地表现自己，还不如把精力用在观察和学习上。倾听同事说话要仔细、认真，不要因为觉得对方的话毫无水准就显得心不在焉，要努力去挖掘对方话语中的亮点。因为你周围的任何人，将来都有可能成为你的朋友、合作人，甚至顶头上司。

3. 多赞美你的同事

各位女士，请不要吝啬你的赞美，因为赞美是最能让别人对你产生好感的方法之一。你可以赞美同事今天穿的新衬衫，也可以赞美他出色的工作业绩。当然，华而不实、没有原则的赞美就不要说了，那只会给人一种虚伪的感觉。

4. 幽默的运用要得当

有时候，你的一两句幽默话可能会给办公室带来难得的欢声笑语，这样既可以活跃工作气氛，也可以展示出你的才华和个性。需要注意的是，一定得把握好玩笑的分寸。

要注意开玩笑的场合。当大家都在认真工作时，最好不要突然来一句幽默话，这样会影响他人工作。玩笑也不能开得过火，不然会伤害到你的同事，也会对你本人产生不利的影响。

5. 拒绝同事要有技巧

无论在工作还是生活中，同事之间都应该互相帮助。但是有时，你会面临不得不拒绝对方的情况，这的确很让人为难。所以拒绝同事时，千万不要破坏你们之间的关系。当你的同事请你帮忙做一件

你无法答应的事情时,你可以告诉他你有别的事情要忙,等手头的事儿处理完了再去帮他。我相信,只要你解释清楚,对方一定可以理解。

6.注意交流中的忌讳

不要去刺探他人的隐私。每个人都希望知道别人的隐私,却对自己的隐私讳莫如深。所以,你最好不要去打探别人的隐私,以免引起对方的反感和警惕。

不要随便在同事面前说领导的坏话。也许你是想跟你的同事交心,或者只是随口开个玩笑,但这有可能被有心人利用。毕竟背后议论别人也不是一种高尚的行为!

不要用命令的口气对别人说话。无论在经验、学历还是地位上,你都不具备命令你同事的资格。如果你想得到别人的帮助,那就试试其他的方法。

不要太张扬。在同事面前,别刻意表现自己的与众不同。事实上,每个人都觉得自己是最独特的,你唯有保持低调、谦虚的态度,才能使你的同事认同你。

多赞美少挑错，问题永远笑着说

在前面我已经提到过，不要随便指责别人，因为如果你这么做，别人非但不会承认错误，还会对你产生反感。所以，各位女士在指出别人说错的话和做错的事时，要学会采用委婉的方式。

身为职场女性，你更有必要注意这一点。如果你的亲友犯了错，你直截了当地指出来，他们可能会因为了解你的为人或跟你关系密切而坦然接受批评。但是，在职场中就不是这么简单了。你和你的同事仅仅只是工作关系而已，如果你指出对方错误的方式太过直接，就可能会让对方下不来台，进而对你心生怨恨。

对于在职场中指正他人错误的方法，我会将重点放在领导和下属之间来介绍，因为二者之间的关系更加特殊一些。

领导在职场中地位高，所以你应该尊重他们。在这样的前提下，想要指出你领导或下属工作上的错误，你可以采取以下方法：

1. 暗示法

暗示法，就是用行为或语言的方式暗示出对方的错误。关于暗示法在一般人际关系中的运用,我在前面也提到过,这是一种比较讨巧的方法。

那些大公司或机构的主管们,通常都不太好约见。也许他们确实忙,但更主要的原因是下属们对他们的过度保护。为了减少上司的负担,他们挡下了很多求见者。卡尔·朗佛曾经在佛罗里达州的奥兰多市担任市长。在任期间,他曾对下属言明打算推行一种"开门政策",允许市民直接进来见他。但市民们还是常常被他的秘书和其他管理人员挡在门外。

为了解决这一问题,市长命令人把他办公室的门搬走了。虽然只是一个象征性的举动,却显示出市长的决心,以及对部下行为的不满。这种暗示的做法比当面批评的效果要好得多,从那之后,部下们果然按照市长的吩咐去做了。

2．自我批评法

"我的问题在于……"用这样的开头来进行对话,可能就会让对方产生更大的兴趣。比起自己身上的问题,人们似乎更愿意看到别人犯了什么错误。

在指正别人的错误之前,先把自己的错误亮出来,这样就能轻松掌握谈话的主动权。从心理学的角度来讲,这是一种平衡心理在起作用。一般情况下,只有自己一个人犯错的话,那是很难接受的,但如果看到其他人也有错的话,就会更易接受别人对自己的批评。

3．提醒法

提醒法就是在指正对方错误时采取轻描淡写的方式。在一般交流中,下属们都会仔细倾听领导的讲话,而领导们也会注意员工的发言。所以,在交流过程中,你应该尽可能采取一种轻描淡写的谈话方式来提醒对方的错误，这样才能给对方思考的空间。

"我听说这阵子你心情不太好，所以工作上出了一些问题。"一位领导在下班走出公司后，很随意地对一名下属说。这位下属连忙回应："是的，我把情绪带到工作中，这样做是不应该的。"试想如果领导非常正式的把下属叫到办公室，指出他的错误所在，效果一定会大打折扣。

对于聪明的人来说，你根本不需要去强调他们的错误所在，只需要一点点的提醒，他们就能明白你的意思。对那些不怎么聪明的人，即使你严厉的批评他们，也不会有太大效果。当然，倘若下属犯了非常严重的错误，即将或者已经给公司造成了极大的损失，那就要认真对待了。

4. 欲抑先扬法

想要否定他，就先赞扬他。我们前面也介绍过这个方法，虽然老套，却十分有效，其原理也是一种心理平衡。你不妨先用赞扬的方式拉近彼此之间的距离，从而营造一个和谐融洽的谈话气氛，这样一来就能避免他产生抗拒的心理。

"你的工作一直很出色……"采取这样的开头方式，可以让对方知道他的错误只是一时疏忽，以及自己对他以往工作的肯定。另外，这种指正错误的方式实际上也表明了你并没有因这件事而否定他过去的成绩。

当你的领导犯了错误时，你也可以采用这种方法。还记得那个否定总经理设计的商标的例子吗？里面那位聪明的年轻人这样开头："这个设计太完美了。"谁不喜欢听到这样的赞美呢？然后接下来就好办了，只要你解释的合情合理，领导自然会虚心接受。

5. 正确过渡法

这是一种非常高明的方法，我完全可以在有很多人参加的会议上去尝试。在整个交流过程中，你并不需要告诉对方犯了什么错，而是直接过渡到正确的做法上去，从而让对方自己去作比较，这样他认识自己错误的效果可能会更好。

"我对杰克非常欣赏，他工作起来十分认真，上班也从不迟到。"你这样一说，对方心里就会明白自己哪些地方比杰克逊色了，以后一定会加以改正。很多错误不仅仅只是因为个人能力而造就的，所以千万不要说"你总是……"之类的话；更不能说他无能，从而让他无法客观直面自己的错误。而且，这样说还会令他产生一种抗拒心理，为自己的错误寻找借口，而不是虚心认错。而且很多公司的员工并不太在乎当前的工作，倘若他们觉得自己的能力很强，而你又十分针对他们，那他们可能就会提出辞职，从而让公司蒙受损失。

6. 扬抑结合法

一种名为"三明治"的批评方法，被某些成功的企业家所推崇。它是指在批评别人之前，先赞美对方的优点长处，然后在平和融洽的谈话氛围中指出对方的错误，最后再以赞美对方的优点作为结束。事实证明，这是一种非常有效的批评方法。受到赞美的人们会更容易接受批评，这是人们的共同特性。所以，在批评犯错误的下属之前，你不妨先对他们的优点进行一番赞美。

另外，犯过错误后，人们容易变得不自信，会怀疑自己的工作能力，从而降低了工作积极性。从这一点上来说，犯错误的人更需要肯定和赞美。只有得到赞美，他们才能战胜犯错误给他们带来的不利影响。

办公室有规则，大嘴巴要不得

说话要注意场合。不同场合要说不同的话，这些我们在前面已经提到过。还有一点，在这里我要提醒各位女士，每个场合都有一些不可以说的话。比如在办公室里，就有不能谈论的话题。

1. 谈论薪资问题

人们常常把薪水多少视为自己的隐私。尽管他们对别人的隐私充满好奇，但却受不了别人打探自己的隐私。所以，女士们千万不要去过问他人的薪酬是多少，也别去讨论公司的薪资水准怎么样，在办公室里讨论这些对你不会有任何好处，只会自讨没趣。

如今，许多公司采取的是不平衡的工资制度，让员工拿不一样的工资，这是公司的一种激励机制。因此，同工而不同酬就成为公司内一件十分机密的事情。公司非常不喜欢那些在公司里讨论薪水问题的行为，也十分讨厌在办公室谈论薪水问题的员工。因为那样会引发领导与员工之间的矛盾。

当你被问及有关工资的问题时，你必须拒绝回答，不要不好意思。当别人想要提这个问题的时候，你也可以提醒他这不是一个好话题。如果对方坚持提出，那你大可以直接告诉他，你一点都不想回答。

2．谈论家庭经济状况

不少人喜欢在办公室里把自己新近去过一次欧洲，或者新买了一套房子的事提出来，还表现出一脸洋洋得意的架势。确实，这样的话题会让他们心情大好，可这其实却是在炫耀自己的家产，会在无形中令周围的同事感到自卑。所以，各位女士们，千万不要在公司谈论自己的家庭财产问题。这种问题除了会给自己带来满足，还会惹得一些人难过外，别无他用。

3．谈论私生活

我想，你大概还没见过一个人在办公室里向同事哭诉，说自己失恋了好伤心之类的场面吧？我却是见过的。不过，那位伤心的员工非但没有得到我的同情，还受到了我的批评。我给她的建议是，无论她的感情生活发生了什么突变，都不要把情绪带到办公室来。办公室这么个小地方，并不适合用来让你和同事分享自己的私生活。

4．谈论你的空想

不要对你的同事发表演说，说你将来会如何如何。你毕竟还只是一个小职员，那些"我以后一定会成为大老板"之类的话，还是留到家里对你的朋友和亲人去说吧。

不要说以你当前的实力完全可以胜任什么什么职位的话，这会让你在不知不觉中树立很多敌人。因为据我了解，基本上所有人都觉得自己是被低估的。你应该做的是在工作中证明自己的能力，而不是空口说白话。

5.对别人说三道四

切忌在某个同事面前说其他同事、领导或公司的坏话。那些人事关系的变动，各个职位的升迁，都是有具体原因的。胡乱搬弄是非对你不但不会有任何好处，还会使领导对你留下不好的印象。身处职场的你要知道，这世上没有不透风的墙，即使你所说的话并没有什么恶意成分，在人们的口耳相传中也会歪曲变形，到时候你就追悔莫及了。

6.拿别的公司作比较

不要拿自己的公司与其他公司做比较。如果你真的觉得自己公司差劲的话，不妨另谋高就，去寻找更适合你的平台。如果你不打算这么做，只是闲着没事胡乱抱怨，那只能说明：你之所以会成为这个公司的一员，是因为你无能。

不要对自己的公司说三道四，更不要说"我原来的公司如何资金雄厚、环境优越"。如果真是如此，那你为什么要离开那家公司？无论老板还是周围同事，他们都是不会喜欢听到这样的话的。

Chapter9
家和万事兴，有话好好说

　　一个女人如果把全部的时间和精力奉献给她的家庭，她应该感到自豪。因为她打理好家庭所需要的各种才华，远比一个女演员在一次职业表演中所需要的各种技艺更多。

——戴尔·卡耐基

婚姻里也需要以礼相待

生活中我们发现，不少女士在一些公共场合、社交场面上都显得很有礼貌，在朋友、同事、甚至陌生人面前都带着笑脸，见了面也会热情地打招呼，说"拜拜"、"谢谢，然而到了家里，面对自己的丈夫时，态度却变了，脸上的笑容也不见了。丈夫在家换了灯泡、换了煤气，不仅不会得到妻子的任何赞扬，还经常被唠叨："天哪，你就不能快点？老这么拖拖拉拉的！"

各位女士，在此我要提醒你们，如果你想让自己拥有幸福温馨的家庭生活，就要记住一点，夫妻两个人是因为爱才走到一起的。比起坏掉的灯泡以及用光的煤气，家里的人更重要。所以，当你的丈夫换了灯泡或者扫了院子时，请不要吝啬你的赞扬，要对他说声谢谢。

也许你会说："我也做了很多家务，可他从不谢我一句啊！"我完全理解各位女士的想法。但有一点不要忘了，营造美好家庭气氛的主动权是掌握在女士们手中的，你不妨用自己的温柔和理解去打动丈夫，这样他就会很高兴为你做事了。

事实上，在很多成功人士心里，最令他们得意的不是事业，而是家庭。

我认识一对夫妻，俩人从认识到如今已经很多年了，却从不吵架，生活一直幸福美满。有人问丈夫其中的秘诀，他这样回答："谨慎地挑选伴侣很重要，但更重要的是婚后的以礼相待。倘若那些年轻的妻子能够像对待陌生人那样很有礼貌地对待自己的丈夫，他们的婚姻就会幸福美满了。如果她们结婚之后变得蛮横无理，整天命令自己的丈夫做这做那，那么所有的男人都会被吓跑的。"

幸福美满的家庭生活是两个人相互尊重、以礼相待的结果。虽然你们已经成为最亲近的人，但也不要毫无顾虑的指使对方做任何事情。美好的家庭是两个人共同维持的，爱情就是维系夫妻关系的纽带。一份没有养分的爱情是无法生存的，而彼此的尊重和理解正是爱情的养分。相敬如宾是夫妻各自保持尊严和人格所必需的。无论是丈夫还是妻子，劳动之后都应该得到肯定和赞扬，这样他们才会感到自己劳动的价值所在。一句简单的赞美，就会令对方认为再苦再累也值，那你为什么不动动嘴说呢？特别是在有了小孩之后，良好的家庭礼仪会让孩子在健康的环境中长大，对其人格的塑造非常有利。

生活中，我们常常用羡慕的神色去看那些幸福美满的家庭。其实，各位女士，这样美好的家庭氛围你们完全可以自己去营造。作为一个妻子，你对家庭起着异常重要的作用。你的爱人和孩子是否快乐，是否感觉到家庭的温暖，是否对彼此以礼相待，这都取决于你怎么做。

既然如此，应该如何去保持家庭礼仪呢？

1.必须给足自己丈夫面子

尤其在大庭广众之下，不管他脾气多差，甚至训斥你，也不要跟他"针尖对麦芒"地对着干；否则只会让情况更加糟糕，也让外人看笑话。聪明的女人会等到回家之后再平心静气地跟丈夫交流，从而让丈夫意识到自己的错误。

2.在适当的时候，不要忘记表达感谢和祝福

在他早饭后准备上班时，记得对他说声"再见"，让他工作更愉快；晚上睡觉前对他说"晚安"，让他有个好梦；当他出差回家给你带来了礼物时，不管你喜不喜欢，都要表达出惊喜，因为这是他记挂着你的表现；当他在家做了家务，无论是洗了杯子还是修了花坛，你都要感谢并称赞他，因为这能够满足一个男人的自豪感，让他感受到自己在家庭中的重要作用。

总而言之，身在同一个家庭中，我们应互相尊重。如果一个家庭中常常能听到"谢谢"、"拜拜"、"祝你愉快""辛苦了"、"很抱歉"等礼貌性话语，那么这就是一个和睦幸福的家庭。

丈夫顾及不到的，你要帮他想到

作为妻子，能够在工作上帮助丈夫出谋策划的并不多，但如果她能知道自己所处的身份地位，并了解这个身份地位的特殊作用，就能帮助自己的丈夫在社交活动中变得更加受欢迎。这个特殊的身份地位就是，她是他的妻子和伴侣，是一个长期陪伴在他身边的人，在他不在的时候，她就是丈夫的代表。

社交接触能够帮助我们认识许多朋友，这些朋友都是很有价值的商业伙伴。通常情况下，人们喜欢跟熟悉的朋友共事，而不愿跟陌生人打交道。在社交场合中，妻子的作用就是要帮助丈夫多结交朋友，使他成为广受欢迎的人。在这一点上，妻子做得好不好，对丈夫的影响非常大。而且，让丈夫变得受欢迎，在事业上取得成功，妻子也能从中分享到快乐，同时这也是使爱情保鲜的好方法。

歌星奥古斯特的妻子以漂亮和聪明著称。一次，刚刚唱完歌的奥古斯特从后台下来准备回家，不料却被来求亲笔签名的歌迷们围住了。虽然奥古斯特当时已经很疲惫，还是笑着答应了歌迷们的请求。

然而，跟他们夫妻一起的一位朋友却显露出不高兴的神情。这时候，奥古斯特太太解释说："他从不拒绝别人，特别是他的歌迷们。"

奥古斯特太太简单的一句话，立刻让这位朋友的不满一扫而光。他饶有兴致地看着忙碌中的奥古斯特，好像明白了奥古斯特受欢迎的原因所在，也明白了他妻子这么爱他的原因。当然，奥古斯特确实是很受人欢迎的，若非如此，他妻子的解释也就不会对他产生任何帮助了。

波娜瓦的丈夫非常不受欢迎，他是出了名的狂妄自大，性情乖张的人，经常跟他人争辩。在社交场合中，人们看到他都纷纷避开。但他的妻子却是一个受欢迎、有风度的人。人们看在波娜瓦的面上才勉强忍受他。然而有一天，波娜瓦对曾跟丈夫争辩过的路易说了一番话，之后路易对她丈夫的态度竟然大大改变。

她说了什么呢？原来，波娜瓦只是告诉了路易自己丈夫性格变成这样是因为他小时候生活的不幸。九岁那年，他的父母双双去世，从此孤苦伶仃，四处碰壁，忍受着周围人们的冷嘲热讽，一直生活在受歧视的世界里。波娜瓦虽然不能彻底改变丈夫的形象，但她把别人对自己丈夫的厌恶转化为理解和同情，从而改善了丈夫的人际关系。

有人曾这样说过："你看他妻子凝视他的眼神，就知道他绝不是个坏人。"这句话说得非常精妙，很多男人都在这种眼神的注视下走向成功的。

不少女士觉得，炫耀自己是突显自己丈夫的好方法。比如，穿着貂皮大衣，佩戴纯金耳环，手上戴着闪亮发光的蓝宝石戒指。但是这样做只能让别人以为她丈夫是个大款。聪明的女士不会这样，

Chapter9 家和万事兴，有话好好说

她们明白，这或许能够显示丈夫的能力，却并不能让他更受欢迎。

在自己家中举行宴会，让丈夫有机会尽情展示他的才华，这是使丈夫引起人们关注的最简单的方法。不过，丈夫展示才华的方式要让人们感到有趣，千万不要一个人唱独角戏，那样的话就会被误以为是在炫耀，得不偿失。身为妻子，要学会精明地安排，让丈夫展示出平时没机会展露的才艺，这样可以有效地增加丈夫的人格魅力，使他受到人们的注意和欢迎，并对他产生深刻的印象。如此一来，到了其他社交场合，他也会受到大家的欢迎。

作为妻子，你可以在适当的时机改变话题，制造一些让丈夫表现其优点的机会。一般情况下，那些在工作中埋头苦干的老实人，到了社交场合就不怎么吱声了。沉闷的工作使他们缺少聊天谈话的机会，所以到了社交场合就不知该说些什么，很自然地就变成了他人的听众。

这时候，作为伴侣的妻子就要发挥自己的作用了，你可以很自然地引导丈夫打开话匣子，使丈夫很快"入戏"，并利用巧妙的提示和鼓舞，让他顺畅自如地说下去。譬如你可以这样说："这令我想起上个月汤姆和顾客谈起过的一件事，他告诉你什么了啊，汤姆？"这么加以引导，汤姆很自然的接过话头继续说下去了。就算丈夫再怎么没有交谈经验，在你的巧妙引导下，他都能变成一个谈笑风生的人。

古力的自我意识很强，他在陌生人面前显得有些冷漠。但古力的朋友们都知道，他是个面冷心热的人，但就是不爱开口说话，特别是在陌生人面前。

为了改变古力这种现状，同时又不伤害到他，他的妻子就在他

不知情的情况下默默帮助他。因为古力是一个摄影迷，所以他们一起外出时，妻子总是找个爱好摄影的伙伴同行。

妻子为两个人做个介绍，让他们成为朋友。因为两人都有共同的爱好，所以一路上他们会谈聊个不停，很快忘掉彼此之间的隔阂。渐渐的，古力的话题变得越来越多，而她呢？只要在古力最需要的时候，说几句简单的提示性话语，就能让古力继续把话题聊下去。

这的确是一个好方法。在妻子的帮助下，古力的社交能力有了质的提高。现在，他开始喜欢在宴会上露面，喜欢去结交新朋友，跟他们畅所欲言，同时他也受到了大家的欢迎。

要想让丈夫广受欢迎，妻子必须做出努力。因为丈夫如果不受欢迎，或者不怎么招人喜欢，这里面肯定是有客观原因的。所以，你要努力想办法让丈夫把自己的优点发挥出来，让别人看到，从而为其受欢迎奠定基础。如果丈夫受欢迎了，做妻子的也会感到骄傲，这也是让爱情更加甜蜜的又一窍门。

多多宣扬丈夫的优点

我的妻子曾为咨询一个有关电气冷却系统的问题给一位电器经销商打电话，接电话的是经销商的妻子。我太太表明了自己打电话的原因。那位经销商的妻子说："当然，卡耐基太太，我丈夫是冷却系统方面的专家，如果你愿意的话，我可以让他到府上去看一看，他能给你推荐最适合你的送风机的型号。这方面我是不怎么懂，但他却是权威。"

于是，这位经销商就如约来到我的家中。因为有他妻子之前的宣扬，我太太对这位经销商非常信服。这个事例表明：一个聪明的妻子能胜过任何宣传员。比如，人们都觉得琼斯先生是个大人物，史密斯是个了不起的医生，这也许都是他们的妻子这样告诉别人的。聪明的妻子善于美化她们的丈夫，突显她们丈夫的能力，把她们的丈夫当作最优秀的人。

比如："我真的希望我们可以出席宴会。但格林现在忙得很，他还要处理著名的琼斯公司的诉讼案。""华尔过两天要去参加一场大型公司培训部计划,他忙得连我都见不上一面了。""哎呀,他还在开会呢!公司想让他率领代表团远赴欧洲进行谈判,现在他整天都待在公司,真的忙得要死。"这些女士随口而出的说辞,就能给听众造成这样一种心理:她们的丈夫正在做着什么了不起的大事,而他们作为公司的业务骨干,没他们是不行的。

很多男士平时都含蓄内敛,不会自我夸耀。但如果他们的妻子能够不着痕迹、不失风度地将他们宣传一番,就会产生非常不错的效果。

一次,我的妻子参加宴会时,邂逅了一位她很欣赏的演员安东尼·甘勃和他的妻子。对于安东尼·甘勃的很多表演,我太太都曾观看过,并非常喜欢。得知这一情况后,甘勃太太就向我太太透露了一些他早期演艺生涯中的事情,这是我太太从未听闻过的有趣的事。从此,她对安东尼·甘勃的印象就更好了,对他的表演艺术有了更深的理解。

对于妻子的重要性,聪明的男人都了然于胸。他们的妻子总是会巧妙地让全世界知道,她们的丈夫是个多么伟大的人物。某大型集团公司的总裁曾经屡次在开会时说道:"不要小瞧了你们太太的能力,她们能为你们的事业提供很多帮助,让你们离成功更近一步。"

这是因为,最了解丈夫的就是妻子,丈夫所有的优缺点她都非常清楚。她能巧妙发挥自己的作用,让丈夫的优点得到最大限度发挥。诚然,缺点每个人都有,包括那些大人物。比如,贝多芬的耳朵是聋的,拜伦的脚是跛的,而拿破仑则不敢在公众面前演讲。但最重要的是,男人的缺点会阻碍他的前进之路,而女人的错误却会直接导致丈夫在家庭和事业上的失败。

很多商业工作者都有过这样的感受,就是要记住一个人的名字是很困难的。因为他们接触的东西太多了,要想记住客人的名字确实不容易。于是,很多丈夫就有意识地训练妻子的记忆能力。这对妻子来说不是什么难事。这样在丈夫需要的时候,妻子就会适时地提醒他,给予他必要的帮助。

我身边就曾有过这样的事情。随着社交范围越来越广,我所认识的朋友也越来越多,渐渐的我对记住别人的名字感到有些吃力了。于是,我就想出了这样一个办法,每当我要去见很多人的时候,就会事先把这些人的名字列出来,和太太提前预习一下,这样我太太会尽量在招呼朋友的时候很自然地提及这些名字,给我"救场":"戴尔,你记得鲁滨逊夫人吧?她刚刚和我提到雷克·路易。你最近有他什么消息吗,鲁滨逊太太?"

就这样,我的妻子通过这些简单的技巧,把我从一次次窘迫的境地中解救了出来。当然,她的付出也是很多的,她不得不强制自己去记忆许多名字。但是她非常乐意腾出时间去这样做,因为这是为了我的事业。

如果你想让自己丈夫的事业更进一步,成为他的好助手,那么这样做就很必要了。世界上有很多大人物都是自学成才的,他们的成功和他们那有学识、有教养的妻子的帮助是分不开的。

当今社会,各个领域的专业划分日渐精细,人们所能掌握的知识有很大的局限性。现在的社会分工让男人分不出时间和精力去顾及其他事情,因为没有学习新东西的时间和机会。这时候,倘若妻子能够伸手帮他们一把,那就非常棒了。朋友们聚在一起,当大家的谈话内容涉及音乐、文学、绘画等方面时,自己的丈夫却呆坐在那里插不上话，这无疑是一件很尴尬的事。这时，如果妻子能从旁代答的话，就显得和谐多了。

如果自己的丈夫谦虚得过了头，那对他本人是不利的。这时，你一定要提醒他，让他不要有这样的习惯，不要轻视自己的成就，因为如此一来，别人可能真的以为他毫无才干。也许，你的丈夫留给别人的印象与他真正的实力以及做事的能力不相符，但人们却会因为这个印象，而判定是否给他机会或与他合作。所以作为与他同甘苦、共患难的妻子，为什么不帮助他给人留一个好印象呢？

另外，如果女士们愿意付出，能够有意识地训练自己，并在丈夫需要的时候及时站出来，给予切实可行的帮助，还可以有效地加深彼此之间的感情。爱情是最好的精神食粮，人类精神的生长、生存都与之息息相关。没有爱情，人们的心灵就会变得扭曲。所以说，为了加深两人之间的感情，这是非常值得去做的事情。

你对丈夫所付出的爱，都会点点滴滴融化在你们的爱情里。发挥他的优势，让他更加受欢迎，和他一起分享喜悦，所有这些会成为他成功的基本要素。这是因为，倘若你真的爱他，你就会心甘情愿尽你所能去为他做每一件事，帮助他获得快乐和成功。

所以我们应该记住，使家庭美满幸福的一条规则就是：多多宣扬丈夫的优点。

给丈夫一个梦想，多赞美和激励他

对丈夫说"不管怎样你都会失败"的妻子，只会更快地将这句话变成现实。查士德特菲尔德爵士曾说："每个男人其实都是两个人，一个是他真实的自己，还有一个是他理想中的自己。"只有优秀女人才能帮助男人把两种形象合为一体。

每个男人都渴望成功。比如一个羞怯的男人，他就会渴望自己变得勇敢；一个不怎么受欢迎的男人，他会渴望被大众所喜欢；一个缺乏信心的男人，他会想让自己变得充满自信。

作为妻子，你的职责就是帮助自己的丈夫成为他理想中的那个人。要实现这一点，需要付出很多。不要总是挑剔他，拿他和邻居某某做比较，也不要故意加重他的工作量，而是应该鼓励和赞扬他，帮他加油打气。

当男人听到妻子赞美自己，听到"你真棒，你是我的骄傲，我真高兴能和你在一起"这种话语的时候，几乎所有的男人都会自豪无比，充满斗志。这种说法的真实性可以被很多成功男士所证明。

比如派克斯先生。他是派克斯货运和装备公司的老总。在给我的信中，派克斯先生这样写道："我相信，一个男人即可以变成他理想中的男人，也可以变成他妻子所期望的男人。在这些年我曾雇佣过的人当中，我会将我跟他们妻子谈话的结果当作重要的标准，判断是否要把一个重要岗位交给他们。因为一个妻子的人生观，以及她是否会鼓励支持自己的丈夫，在很大程度上决定这男人事业的成败。我自己就是这样一个例子。

"我太太的父母非常富有，她接受过良好的教育，有一个快乐的家庭。可以说她在嫁给我之前，要什么有什么。而我是一个既没钱，也没受过那么多教育，更没什么资产的家伙。我仅有一颗闯荡世界的心，以及她对我的期望和信任。

"我们结婚后，最初的几年过得十分艰难。每当我遭遇失败和挫折的时候，她总是非常理解我，不断地鼓励我，这是我一直努力坚持下去的动力。

"我所获得的成就，全都是我太太不断支持我的结果。这些年来，她不幸得了重病，但她依然坚定地站在我身旁。早上我去上班的时候，她总会问我：'鲍勃，今天有没有什么需要我做的？'当我下班回家的时候，她会听我诉说这一天所发生的情况。所以我总是祈祷上帝，永远不要令她感到失望。"

遗憾的是，并非所有的女人都像派克斯太太那样，一门心思想让自己的丈夫超越自我，成为她们理想中的那个人。有类女人总是希望自己比其他人更加富有，想有崭新的车子开，有昂贵的衣服穿，想加入独特的俱乐部，而他们的丈夫却永远都没法满足她们的需求。

激励和鼓舞才是促使男人进步的方法，而不是要求他，给他压力。妻子具体应该怎样鼓励自己的丈夫，使他实现理想中的自我呢？

如果丈夫做事缺乏信心，你可以提醒他他自己所做过的勇敢的事。"记得那次吗？你告诉老板应怎样减少部门内部的浪费现象。那需要多大的勇气啊！你真棒，竟然做到了。"

即使是最怯懦的男人，如果有个女人告诉他，他是非常稳重和能干的。那么，他会放开一切去努力实现这一点。比起对自己的丈夫说"我不明白你怎么会这么没用，你从来都不替自己说句话，甚至不敢对一只鹅'哼'上一声"，采用上面我们所说的技巧不是更好吗？

作为妻子，你永远都不要对自己的丈夫说"你真没用"。玛格丽特·卡金·芭宁在写给《四海杂志》的一篇文章中告诫各位女士："倘若他真的失败了，那他的老板将会毫不犹豫地告诉他。但是到了家里，在共享早餐或卧床休息的时候，妻子应该鼓励他，告诉他成功最后一定会属于他。如果连身边最亲近的妻子都对丈夫说'你永远都不会成功'，那丈夫还会成功吗？"

汤姆·琼斯顿是第二次世界大战后退伍的军人。他在战争中受了伤，他的一条腿有点跛，而且上面伤痕累累。但幸运的是，他仍可以享受他最喜欢的一项运动——游泳。

在他出院不久的一个周末，他和太太一起去汉景顿海滩度假。在做了一些简单的冲浪运动之后，琼斯顿先生躺在沙滩上享受日光浴。过了一会儿，他发现大家都在看他。之前他从没在意过自己这条满是伤痕的腿，但现在他发现这条腿是如此的惹眼。

到了第二个周末，当琼斯顿太太再次提议去海滩度假时，汤姆却拒绝了。他说他宁愿待在家里也不愿再去海滩了。但他太太说："我知道你为什么不想去海边，汤姆，你对自己腿上的伤疤感到自卑了吧。"

"我承认妻子的话。"琼斯顿先生说,"但她之后所说的话,我一辈子都不会忘记。她说:'汤姆,你知道吗?这些伤疤正是你勇气的象征,是你用光荣的方式赢得的。不要试图把它们隐藏起来,要记住你是如何得到它们的,带着这些伤疤骄傲的走出门去。现在我们一起去游泳吧。'"妻子的话消除了他心中的阴影,也给了他新的开始。

真诚的赞美之辞会对推销员的工作产生积极影响。波士顿商会的销售代表俱乐部主办了一个与推销术有关的课程。大约有五百名推销员和营业人员参加了这个为期五天的课程。在这个课程的最后一个晚上,主办方邀请了那些销售代表的太太们前来参加,并为这些太太们准备了一个特别的节目。主办方想用这个节目来告诉她们一些鼓励她们的丈夫变得更自信的方法,以获得更好的销售业绩。

其中一位演讲者是盖·鲍尔斯协会的会长——大卫·盖·鲍尔斯博士。他是一名销售顾问,同时也是《过个新生活》一书的作者。在演讲中,鲍尔斯建议每一位太太都能在早晨送丈夫上班时,使他充满信心并且有一个愉快的心情。鲍尔博说:"要让他觉得自己已经成了他理想中的那个人。即使他的穿着早已过时,也要称赞他非常潇洒。与其去提前天晚上他在宴会上所说的失礼的话,倒不如赞美一下他的领带或他所表现出的风度仪表。告诉他你相信他会征服所有的顾客,那他就一定会做到。"

既然连鲍尔斯博士这么优秀的销售顾问都相信这种方法是有效的,那你还犹豫什么呢?相比起我们将要获取的东西——更加幸福的家庭和更加优秀的丈夫,这些小努力还是非常值得女士们去做的。

温言软语，责备只会有害无益

理解和体谅就像一贴清凉剂，可以令人身心舒畅。作为妻子，你不能总是要求丈夫体谅自己，而不去体谅他，因为体谅是相互的。

生活中，人们的愿望与现实之间往往存在着差距，而这些差距引发了许多不满情绪，人们有时甚至会采取一些消极对抗的行为，但是这些态度都不是正确的选择。

家庭生活要少一些责备和抱怨，企业管理同样如此。作为美国最著名的企业家之一，艾柯卡在克莱斯勒公司濒临倒闭时，接任了该公司的总裁职位。

在这种危难时刻接管公司，艾柯卡并没有胡乱发火或生闷气。他没有抱怨员工不尽心尽力，更没有抱怨管理层的懒散无能，而是采取积极的态度进行各个方面的沟通。

克莱斯勒公司当时的情况非常糟糕：产品积压，债台高筑，找不到进货渠道，人事管理也一塌糊涂，整个公司就像一只漏水的船在大海中逐渐下沉。

艾柯卡心里清楚，要想让公司重新崛起，只有一条路可走，就是在内部进行大刀阔斧地改革，提高员工的士气，并尽快着手开发新型轿车，重新参与市场竞争。可当时的情况是，没有一家银行肯贷款给公司。迫于无奈，艾柯卡只好向政府寻求帮助，希望在政府的担保下从银行贷款10亿美元。

这个消息一经传出，就在社会上引起轩然大波。原来，美国企业界有条不成文的规定，就是依靠政府扶植来发展企业是不符合自由竞争机制的。在举步维艰的困境面前，艾柯卡并没有泄气，也没有抱怨，他相信沟通比生气更重要。

艾柯卡每天工作12到16个小时，他奔走于全国各地，到处进行演讲；同时不惜重金雇请说客，在国会内外进行游说。当国会议员们要他解释为什么要求政府担保以及这样做的好处时，他坦然说之前的洛克希德公司、华盛顿地铁公司和全美五大钢铁公司都曾先后得到过政府的担保，他们的贷款总额高达4097亿美元。而克莱斯勒公司在濒临倒闭之际申请政府担保，仅仅是为了申请10亿美元的贷款，这本来就是合理的请求。

后来，他又在媒体舆论中制造声势，说他这样做正是为了维护美国的自由企业制度，保证公平的市场竞争机制。因为如果作为北美仅有的三大汽车公司之一的克莱斯勒公司倒闭了，那么市场上就只剩下了通用、福特两家，这就形成了市场垄断，也就失去了自由竞争的可能。

艾柯卡采取了不卑不亢的公关策略来对待政府部门。他为政府算了这样一笔账：克莱斯勒的倒闭会造成60万工人失业，致使全国的失业率提高0.5%。为此，政府必须在第一年支付27亿美元的失业保险金和其他社会福利开支,而最终又将会使纳税人多支出160亿美元来解决其他相关的问题。最后,艾柯卡向当时正受赤字困扰的美国政府发问:"你们是愿意白白支付27亿美元呢?还是愿意出面担保,帮助克莱斯勒向银行申请10亿美元的贷款呢?"

另外,每一个国会议员还收到了艾柯卡为他们准备的清单,上面列举了该议员所在选区内所有和克莱斯勒公司存在经济来往的代销商和供应商的名字,同时还附加了一份分析报告,上面详细说明了公司倒闭给该选区的选举带来的不良后果。

艾柯卡的这种战略最终获得了成功,企业界、新闻界和国会议员都不再对担保表示反对,美国政府也展现出积极合作的态度。终于,艾柯卡得到了10亿美元的贷款,他把这些钱用在了开发新型轿车上。三年后,克莱斯勒公司终于扭转了亏损局面,并在第四年获得9亿多美元的利润,创造了公司有史以来最好的销售成绩。

在不如意时,有的人只会一味抱怨,责备他人。而有的人则会不烦躁、不抱怨,用平静的心态去面对,去改变。用智慧的头脑去发现机会,把握和利用机会,使本来灰暗的人生变得精彩而美好。一味抱怨的人永远都只能在原地徘徊,无休止的咒骂眼前的"阴暗",殊不知那"阴暗"正是他自己的影子。

有一位木匠非常爱抱怨。他整天都闷闷不乐,总想着挑别人的毛病,认为每个人都对自己不好。这天,他想开一个特别的聚会,就邀请了他的一个朋友来帮忙。聚会结束后,他又开始喋喋不休了,翻来覆去对他的朋友抱怨着:"我的兄弟对我相当不好,他们老是给我添麻烦。"

朋友问:"怎么?他们曾经虐待过你?"

"没有。"木匠回答。

"他们是辱骂过你吗?"他的朋友继续问。

木匠不好意思地说:"也没有。"

"那他们是孤立过你了？"他的朋友继续追问。

这时，木匠没有说话，而是将头深深地垂下了。

看到木匠有点醒悟，他的朋友接着说:"既然别人并没有真正触犯过你，为什么还老是抱怨呢?"这一席话令木匠茅塞顿开，他感到很羞愧，从此开始对身边的人和事抱着感恩的态度。

责备是人性的溃疡。所以，各位女士在遇到家庭问题时，千万不要一味地抱怨和责备，它只会加重你的负面心情和不满情绪，从而使你更加颓废。与其如此，倒不如去尝试着改变自己，改变现状，寻找丈夫身上值得欣赏的地方，支持和理解他，让生活变得美好起来。

女人一唠叨，男人就逃跑

能让男人晕头转向的女人只有两种：一种是美丽与智慧并存的完美女人，另一种则是喋喋不休的唠叨女人。可惜在现实生活中，第二种女人占了大多数。她们口无遮拦，喋喋不休，只要发现男人身上一点点错误，就会不依不饶，唠叨个没完。

我想要告诉女士们，善意的、有节制的唠叨会让男人念念不忘、心存感激，但无休止反复唠叨则一定会让男人落荒而逃。

法国的拿破仑三世是拿破仑·波拿巴的侄子，他爱上了全世界最美丽的女人——德伯女伯爵，并和她结了婚。虽然他的顾问指出，玛丽·尤琴只不过是一个地位并不显赫的西班牙伯爵之女，和他不般配，但拿破仑三世不以为然地说："这有什么关系？"他在皇家公告中公然宣布，他已经爱上了一位值得他敬重的女士，即使遭到全国人民反对，他也绝不后悔。

然而，没有想到的是，这份爱情很快就开始变质。原来，虽然拿破仑让尤琴当上了皇后，但即使他倾尽法国所有的财富，献出他全身心的爱，甚至拿出皇帝的权威，也仍然无法阻止这个女人的唠叨。

在嫉妒和猜疑的驱使下，尤琴皇后根本无视拿破仑的命令，甚至不允许他有一丁点的个人隐私。有时她会突然冲进拿破仑的办公室，把正在处理国务的拿破仑吓一跳；当他在讨论重要事务时，她也会进来干扰；甚至有时会在他的书房里大发雷霆，辱骂拿破仑。

你一定想问：尤琴这样做的结果是什么呢？下面我就引用莱哈德的巨著《拿破仑三世与尤琴———一个帝国的悲剧》中的原话来说吧！

"从那以后，拿破仑经常在夜深人静时，在一个亲信的陪伴之下偷偷从一个小侧门溜出去，用他的小软帽遮住双眼，去和一位正在等他的美貌女士幽会；或者是在巴黎这座古老的城市里游览，欣赏平时难得一见的街道美景，呼吸那本该属于他的自由空气。"

这就是尤琴皇后唠叨的结果。不错，坐在法国皇后的宝座上的她，的确是全世界最美丽、最尊贵的女人。但她的喋喋不休，却毁了她最珍爱的东西。最后，尤琴皇后失声痛哭道："我最担心的事情终于发生了。"这种事为什么会降临到她的身上？这当然是她自找的，这一切都源于她的嫉妒和唠叨。

作为一代文学大师，托尔斯泰所创作的《战争与和平》和《安娜·卡列琳娜》在世界上享有至高荣誉。他的崇拜者不可计数，还有着相当可观的财产，可以说是名利双收。可惜上帝在赐予他名利与地位的同时，也顺手拿走了他美满的婚姻。很不幸，托尔斯泰有一位唠叨不休的妻子。

托尔斯泰刚结婚不久，战争就爆发了。在经历了战火的洗礼之后，托尔斯泰开始宣传爱与和平。他将所有的土地都给了穷人，自己过着清贫的生活。他亲自种地、伐木、砍柴、修理房子，用木碗

Chapter 9 家和万事兴，有话好好说

吃饭，并尽力去爱他的仇人。

托尔斯泰追求简朴，可他的妻子却恰好相反。她是一个喜欢奢侈、渴望名誉的人，整天向往着财富与享受。托尔斯泰视金钱是一种罪恶，他坚持放弃了书籍的出版权，不收任何的版税。因为这件事，在多年的时间里，他的妻子常常责怪他，甚至躺在地上打滚，以自杀来威胁他。妻子的唠叨和埋怨像魔鬼的獠牙一样，不停啃噬着他的精神和灵魂。

直到1910年10月一个大雪纷飞的夜晚，82岁托尔斯泰终于再也无法忍受家庭的不幸，他从家里逃了出来。11天后，他病死在了一个车站。弥留之际，全球各地的记者都汇聚在这个小车站，他的所有子女也都来到他的膝下，而他临终前的最后一个请求却是——不要让他的妻子来到他身边。

和尤琴皇后一样，托尔斯泰的夫人也因为唠叨和抱怨付出了无法弥补的代价。女士们，我希望并相信你们不会犯相同的错误。因为喋喋不休对于爱情而言，是最致命的毒药。

我明白，女人唠叨的原因是希望能通过这种方式来改变丈夫，希望他们能按照自己的意愿变得更好。但结果往往事与愿违，她们不但没有通过这种方式达到目的，反而自食恶果。

前段时间，一位朋友的儿子来向我求助，希望我能帮他摆脱当前的困境。这是一位年轻有为的小伙子，在一家保险公司上班，年仅二十几岁就担任了一个令人羡慕的职位。年轻人告诉我，保险行业的压力非常大，他真的希望妻子能给他鼓励和安慰，赐予他在工作上打拼的勇气和动力。但他太太每天所做的，却是无休止的打击、嘲笑，这让他渐渐失去了奋发向上的激情。他告诉我，任何事情他

都可以理解接受，但他妻子这样喋喋不休地打击他的信心，他再也无法忍受了。现在，他不但丢掉了工作，而且无法忍受再和他的妻子一起生活了，所以他提出了离婚……

各位女士，我不知道你们现在是怎么想的，但我想说的是，喋喋不休绝对是婚姻的一个大忌，也是扼杀婚姻最快的方式，一旦让它入侵你的家庭，幸福就将离你而去。所以我奉劝你们，不管遇到什么事情，提醒丈夫的话最多只说两次就行了，超过三次就会起到反效果。你必须牢记这一点，而且千万不要用抱怨或指责的口吻去说，否则即使是关心的话也会变得令人反感。就像我母亲曾对我说，用酸的东西去诱捕苍蝇，永远没有用甜的东西有效。所以请记住，选择最温柔的方式更容易达到自己的目的。

男人不是你的心理医生，也不是听你祷告的神父。所以女士们，请停止你的喋喋不休，除非你想亲手葬送你的婚姻。如果你想让你的家庭生活更幸福，就请记住这第一项原则：千万不要唠叨！

不要随意批评你的家人

在国家公务中，格莱斯顿是迪斯雷利最强的竞争对手。对于大英帝国发生的每一件事，他们都可能会有不同的看法，两人的矛盾非常严重。但是他们有一点是相同的，就是都有着开心和幸福的私人生活。

格莱斯顿和他的老婆结婚60年，两人一直相敬如宾。在众人面前，格莱斯顿是一位受人敬畏的领导者，但在家里他从不批评自己的家人。有时候，到了早饭时间，家里人还没起床洗漱，他就会打开嗓子高歌一曲不知名的曲子，使歌声回荡在屋子的各个角落，告诉他的家人：英国最忙碌的人正在等你们一起吃早饭。他总是保持着外交家的气度，处处体谅别人，并且严格地克制自己，在家里对任何人和事都不做批评。

婚姻不幸福有很多原因，迪克斯是美国的权威婚姻专家。他说："大约有一半以上的婚姻是不幸福的，导致一些富有浪漫的美梦不能实现的因素之一，就是那些无意义又令人伤心的批评。"

很多家长喜欢动不动就批评孩子，但我会说："请在批评孩子之前，先读一下《请原谅你粗暴的父亲》这篇典型的亲子教育文章吧。"

利文斯登·劳拉德是这篇小短文的作者。这篇短文最早刊登在《家庭纪事》的社论栏。它不仅使很多读者有所感触，还成了全美国父母最喜欢的文章。后来经过作者同意，我将这篇文章的缩写版放在这里：

"请原谅你粗暴的父亲，我的儿子！你听着，我想在你睡觉时对你说几句话。

"你躺在床上，一双小手放在脸上，额头上冒出的一些汗水粘住了你那黄色的卷发。这时候，我悄悄地来到你的房间。我刚才正在书房看报纸，突然觉得非常懊悔，以至于呼吸不畅，所以我现在带着忏悔之心坐在你的床前。

"我的儿子，我回想起了很多事情，我对你的确是十分粗暴。你洗漱好要去上学时我就斥责你，只是因为你没有认真地擦脸；当你没有把鞋子擦干净时，我也会对你大吼大叫；当你把东西掉在地板上时，我也会对你大发雷霆。

"吃早饭时，我又一次看到你犯了错误：你不仅把面包渣掉在餐桌上，还没有一点餐桌礼仪，将胳膊肘架在了桌子上，还把厚厚的黄油涂在了面包上。我要赶往火车站而你正要出去玩时，你朝我挥手告别，大声说：'爸爸再见！'而我却皱着眉头告诫你：'挺胸站直。'

"到了晚上，这样的事情又开始重演。你跪在地上玩弹珠时把长筒袜磨出了好几个洞。我说：'我们需要用钱来买袜子，如果是你自己出钱的话，你就会在意袜子了。'哎，当爸爸的我怎么能对你说这样的话呢！还在你和小朋友玩时把你拽回家，伤害到了你的自尊。

Chapter9 家和万事兴，有话好好说

"你是否还记得，之后你小心地走进书房，犹豫怯懦地站在门口，用含有委屈的眼神看着我。正在看报的我非常不喜欢你过来打扰，凶狠地问你：'你究竟想做什么？'你没有说话，而是突然朝我跑了过来，带着连上帝都会感动的爱，搂住我的脖子吻了我，又用小手紧紧抱了我一下，这才快步跑上楼。我的儿子，你离开后我心中涌起一种强烈的愧疚感，连报纸也从我的手中滑落。我对你太严格了，动不动就呵斥你，这居然就是我对自己儿子的补偿。我的儿子，我并不是不爱你，只是我对你寄予了过高的期望，而且还以成年人的规范来要求你。

"但是，你拥有真、善、美的本性，你幼小的心灵就如同清晨的朝阳，照亮了一群群山脉——你给我的吻和向我说晚安就是最好的证明。我的儿子，其他东西都不重要了。所以我在黑夜怀一颗忏悔之心跪在你床边。

"我知道这只不过是毫无意义的悔悟。就算在你醒来时对你说这些，你也不理解，但我已决定：从明天起，我会做一个真正的父亲。我要做你的朋友，和你同甘共苦。我再也不会对你不耐烦地说话了，我会不断地、郑重地提醒自己：'他只是个孩子——一个小男孩。'

"我想，我之前是把你当作成年人来要求了。但是，我的儿子，当我看到你蜷缩在你的小床上睡觉时，我才认识到你还是个小孩。你依偎在妈妈怀里，把头放在她肩上……这些场景仿佛就发生在昨天。之前我对你太苛刻，太苛刻了！"

多么感人至深的一封信啊！相信很多已为人母的女士看到这封信后，也会有很多感悟吧。家人是最珍贵的，不要对他们恶语相向，要多为他们着想，从他们的角度去思考问题。最重要的是，不仅要好好爱他们，更要正确地爱他们！